云南百位历史名人传记丛书

中共云南省委宣传部◎编

界务英才

尹明德

王黎锐　段德李◎著

云南出版集团
云南人民出版社

图书在版编目（CIP）数据

界务英才——尹明德 / 王黎锐, 段德李著. -- 昆明：云南人民出版社, 2018.1
（云南百位历史名人传记丛书）
ISBN 978-7-222-16951-7

Ⅰ.①界… Ⅱ.①王…②段… Ⅲ.①尹明德（1894-1971）—传记 Ⅳ.①K825.42

中国版本图书馆CIP数据核字(2017)第320111号

出 品 人：李　维
　　　　　赵石定
责任编辑：张力山
装帧设计：马　滨
责任校对：霍　红
责任印制：洪中丽

书名	**界务英才——尹明德**
作者	王黎锐　段德李　著
出版	云南出版集团　云南人民出版社
发行	云南人民出版社
社址	昆明市环城西路609号
邮编	650034
网址	http：//ynpress.yunshow.com
E-mail	ynrms@sina.com
开本	889mm×1194mm　1/32
印张	6.75
字数	150千
版次	2018年1月第1版第1次印刷
印刷	昆明卓林包装印刷有限公司
书号	ISBN 978-7-222-16951-7
定价	25.00元

如有图书质量与相关问题请与我社联系
审校部电话0871-64164626　印制科电话0871-64191534

《云南百位历史名人传记丛书》
编委会名单

主　任	赵　金
副主任	宣宇才　蔡春生　黄　尧
编　委	刘　荣　王　岭　范建华　李　维
	林文勋　杨林兴　陈友康　杨正权
	张　勇　张昌山　林超民　余嘉华
	谢本书　吴宝璋　李继红　杨安兴
	刘大伟　李银和　赵石定　周　祥
	王建南　张平慧

总　序

丛书编委会

　　历史长河浩浩荡荡！中华文明自滥觞至汇聚千流，涵纳万水，奔腾迭起，云蒸霞蔚，延五千年之长史，至今生机勃然，是迄今世界上唯一保持完整且衍传有序、光耀于人类的伟大文明。

　　习近平总书记指出：一个国家、一个民族的强盛，总是以文化兴盛为支撑的。中华民族是具有非凡创造力的民族，我们创造了伟大的中华文明，实现中华民族伟大复兴的中国梦，必须弘扬中国精神。以爱国主义为核心的民族精神，以改革创新为核心的时代精神，是兴国之魂，强国之魂。

　　云南，是祖国西南神奇、美丽、富饶的宝地，是中华文明中极具特质和创造潜力的丰美之乡。云南少数民族文化是中华民族文化的重要瑰宝。长期以来，云南大地上，各民族和睦与共，相濡相生，共同创造了色彩瑰丽、形态多元、底蕴厚重、影响深远的历史文化，为我们留下了珍贵的精神遗产。人，是历史的镜子，是历史最生动的环节，人民是历史的主人和创造主体。在人类历史的进程中，一个个不同时期的代表人物产生过一些不同的影响。"云南百位历史名人传记丛书"就是这样一丛历史的记录，一百位历史名人，虽未必尽能概全，各位历史人物的代表性也不尽相同，但都是"追梦人"，是振兴民族伟大理想的传薪人、探索者和实践家。

在这些代表人物中，无论是拓土开疆的将帅勇者，还是蹈海酬志的大国使节；无论是志于传播文明的鸿儒巨擘、先哲贤士，还是为民族独立解放而高歌猛进、慷慨捐躯的群雄英杰，都贯注了这一重要精神。正是以他们为代表的云南各族人民创造并抒写了可歌可泣的英雄史章，熔铸了坚韧不拔、奋为人先、包容博大、敢于担当的精神品质，才使云南在中华文明的长史中闪耀着特有的光辉。尤在近代中国，在辛亥护国风云中，在反对外辱保卫祖国边疆维护民族尊严、抗击日本法西斯侵略中，云南站在历史前台，以中华群雄的不屈身影演出了一幕幕豪迈悲壮的历史大戏，也更涌现了一批足以彪炳史册、光照后人的杰出人物。这一切，给予中国历史进程深远的影响。

今天，实现中华民族伟大复兴之梦，谱写富民强滇中国梦的云南篇章，需要以中华文化发展繁荣为重要条件，这就需要接续这一光荣而伟大的精神传统，在继承中创新，在创新中发展,在发展中超越。云南正处于一个新的历史起点上,需要大力挖掘历史文化资源,聚合更强大的精神动力,为推动我省科学发展、和谐发展、跨越发展凝心聚力。为此,我们组织省内外专家学者编写出版了"云南百位历史名人传记丛书"。这对加强我省各族人民,尤其是青年一代对历史的了解、认同,爱国爱乡爱民并甘于奉献,对提升优秀精神品质,形成团结奋斗的共同的思想基础,坚定推进富民强滇的信心和决心,显然有着重要的现实意义和切实的助力。

一百位历史人物,所处历史时期并不相同,其历史作用也有差异,甚至就个人的全面历史评断方面也难以等量趋同。但我们以为这些留存史迹的人物,所以传扬至今,为后世崇奉,均有他们共同的历史向度和价值取向,我们学习这些历史人物,至少应当着重于以下几个大的方面,即:"守大德、重大义、集大成、有大度、达大观"。

守大德,即恪守道德规范。"德者,本也。"(《礼记·大学》)"大德"既是国家民族的根本利益所在,也是中国文化中最核心的价值理念及标准。古语"行德则兴,背德则崩",不仅是资政经验,也是个人修习完善的根基。所谓"厚德载物",直观的理解,就是如果德行浅薄,是不能兴物成事,更不能造就伟大功业的。云南历史文化名人,大多以德立身,大节不移,并对此恪守坚定,一以贯之;始终保持正确信念和理想,并为之奋斗到底。这是我们首先要学习尊崇的。

重大义，即以国家民族利益的需要为个人行为取舍的标准。有大义，才有大爱。这些先贤无不爱云南爱乡土，以兴业乡梓、造福一方为己任。尤在国家民族命运攸关、生死存亡的关头，这些令人崇敬的先辈，大义擎天，逢难不避，敢于担当，责无旁贷，勇往直前，不惧牺牲。一个心存天下大公的人总会在不经意的一瞬决定大义的选择，这是社会进步的希望所在，更何况实现中华复兴的伟大梦想，还有很多异常艰危的事业在等待我们去克难攻坚。所以，举凡大义、为民为国、全身而进的精神是我们应当效法崇尚的。

集大成，"知类通达，强立而不反，谓之大成"。这些历史人物留下的足迹，予人深刻启迪。他们无论是出将入相，还是布衣一袭，均勤学不辍，求索不止，在追求真理和知识的道路上刻苦务实，义无反顾，永无终期，故能成大器，胜大任，不辱使命。今天，世界进入知识信息时代，软硬实力决定一个国家能否赢得发展机遇，乃至自立于强国之列的地位。其紧迫性不亚于先辈梦想中国富强的百年期许。但今天所谓"集大成"，是更高更大更具有生存挑战性和发展战略性的，是集世界之"大成"，集政治经济、科技文化、制度建设、社会发展等一切领域"总成"，玉成中国梦的空前伟大的事业。所以，先人刻苦自律、博学精进的学习精神我们应当秉持继承。

有大度，即要有开放包容的胸怀。云南历史文化名人的一个共通品质，也是一个显著特点就是，即使身处僻远，总能破除狭隘与陋见，以宏大度量，兼容并包，接纳先进，吸收优异，团结一切可以团结的力量，聚合一切可以聚合的资源，总成一股创造历史的宏大动力，来完成伟大的事业。哪怕是割股舍己，也在所不惜。今天，云南要实现跨越式发展，保持开放包容的胸怀尤其重要。所以，先辈"天下云南"的大度我们应当弘扬光大。

达大观，即要眼观天下，达察全局，与时俱进，审时知变，敢为人先。推动云南社会历史进步的代表人物，无不目光远大，胸怀全局，对世界潮流、时代嬗变，都能审视洞悉，并欣然顺应规律，故能在历史转折的关键时刻做出正确选择，成就改天换地的一番伟业。古语有"小智自私""达人大观"，是将为个人谋私的小智谋与担当天下兴亡的大智慧尖锐对比而言的。否则，"其兴也勃焉，其亡也忽焉"。一个为民为国而应用心智的人，必然有达观天下的心怀，也由此激发潜能、超迈寻常，而使人生境界也更加美好而宏丽。遍观世界文明史，许多影响人类进步的伟大创新，正是以此为动力和起点的。今天，中国经济社会的快速发展，国家的日益强大，正为实现中华民族伟大复兴的中国梦开拓了无限广阔的道路，也为个人实现自身价值创造着更加富实的前景。所以，先辈们达观天下的精神我们应当引为楷模。

我们对志向高远、仰观天下、俯察民情、甘为路石、慨当以慷、求真务实的历史名人，心存景仰，并愿与千千万万的读者，尤其是青年朋友一道学习弘扬。

组织编撰"云南百位历史名人传记丛书"是一项重要的文化工程，编撰出版人员都做出了艰苦的努力，但由于众手修书，书稿层次不一，成书体例难以做到完全一致，对存在的不足敬请读者批评指正，我们将虚心接受，并在修订再版时一并吸纳修改完善。

目录 // MULU

◆ **第一章　为筑梦艰辛求学**

002／尹氏随军落腾冲
005／明德降生勐连村
010／勐连私塾启蒙篇
016／省城就读识新书
024／回乡任教娶根英

◆ **第二章　务勘界不畏艰险**

034／为报国日本求学
042／进工大初识界务
052／招志士深入缅境
069／查民俗再证历史
075／勘现实揭露英人
093／再入缅南界勘测

◆ **第三章　驱日寇尽心竭力**

104／腾龙沦陷音书断

目录 // MULU

109／根源西巡举明德
113／潞江宣慰线比德
124／风雨兼程高黎贡
130／会晤葆裕析跤情
139／红骡护主勐连村
145／南甸宣慰龚印章
152／军民联合宣慰功

◆ 第四章　参政事不忘桑梓

162／腾城光复理善后
174／家乡解放疑转信
179／保腾公路穿梭忙
185／国庆观礼检阅台
190／编修文史献桑梓

◆ 附录　各土司输诚函电

◆ 参考文献

第一章　为筑梦艰辛求学

1894年，尹明德出生于宁静的勐连村，其父尹石甲值守野人山，无暇顾及家庭，直到八岁才进入私塾学习传统文化；1911年，聪慧好学勤劳善良的他，又因为中英滇缅边界问题，在李根源的激励下，远赴省城求学新知；1915年，他学成归来任教乡里，新婚之后，受李根源的影响，立志报效积贫积弱的国家。

尹氏随军落腾冲

朱元璋建立明朝政府后，西部地区不断出现各种反明势力，据此，明太祖朱元璋选派大将分率各路大军征讨。洪武四年（1371），朱元璋任命傅友德为征虏前将军，与征西将军汤和分道伐蜀。

在西伐巴蜀的大军中，南京应天府人尹兰（字睿天）也跟随出征。此后，根据明朝家属随军军屯的要求，尹兰把家眷从南京应天府迁往成都。巴蜀叛乱平定后，尹兰奉命守巴县（今重庆），将家眷从成都迁至巴县小河湾尹家街住，安享一时之太平生活。

话说元顺帝退出大都（今北京）以后，盘踞在云南的割据势力主要有故元梁王和土酋段氏。梁王以昆明为其统治中心，仍奉元朝正朔，服从退踞蒙古沙漠以北地区的元朝残余势力的命令。段氏则控制着大理一带，虽然直属北元政府管辖，但处于半独立状态，与梁王政权之间不时发生武装冲突。明太祖朱元璋欲以和平方式解决云南问题，曾多次派使者前往谈判，均被杀害，遂决定用武力统一云南。洪武十四年（1381）九月初一日，明太祖朱元璋命颖川侯傅友德为征南将军，永昌侯蓝玉为左副将军，西平侯沐英为右副将军，率师30万人南征云南。朱元璋根据云南军事地理形势，亲自制定进军云南的战略。九月二十六日，傅友德率军抵达湖广，兵分两路，从东、北两方面进攻云南。北路由都督郭英、胡海洋、陈桓等率兵5万人，由永宁（今四川叙永）趋乌撒（今贵州威宁彝族回族苗族自治县）。这里是云南、四川、贵州3省交界处，为当时的一个军事重地。东路由傅友德等亲率大军由辰州（今湖南沅陵）、沅州（今湖南芷江）向贵州挺进，攻打普定（今贵州安顺）、普安（今贵州盘县）。东路军于十二月中旬连克普定、普安及其附属地区，继而向曲靖进军。随后大败梁王巴匝剌瓦尔密部将达里麻所率10余万精兵，占领曲靖。曲靖为云南东部门户、水陆交通要道，明军占领曲靖，扼住了云南的襟喉。于是分东路军为二：一部由蓝玉、沐英率领，直趋云南（今云南昆明）；一部由傅友德亲率挥师北向乌撒，以策应北路军。二十二日，梁王获悉达里麻失守曲靖，乃逃往晋宁州忽纳寨，自缢而死。二十三日，蓝玉、沐英率师进逼云南板桥，元右丞观甫保出降，遂占领云南。蓝玉分遣曹震、王弼、金朝兴等率兵2万人，向南攻克临安（今云南建水）诸地。沐英分兵趋乌撒，接应傅友德。北路军出永宁以后，被元右丞实卜阻于赤水河一带，不得而进。及东路军攻克曲靖，傅友德率师直捣乌撒，大败元守军，遂进占乌撒，降服东川（今云南会泽）、乌蒙（今云南昭通）、毕节、芒部（今云南镇雄）等地。云南、乌撒既下，明军遂移帅进攻大理。洪武十五年（1382）闰二月，攻克大理，段氏就擒。攻克大理后，沐英又分兵取鹤庆、掠丽江、下金齿（今保山），接着攻占腾越。至此，尹兰率子随军征战进入腾越，平定云南全境。

平定云南以后，明朝政府为开发西南、巩固边防，于洪武十五年（1382）二月建立云南都指挥使司和云南布政使司，管理云南军政事务，并于军事要冲地区设置卫所，屯兵戍守。其后乌撒各部发生复叛，均被官军镇压。至洪武十七年（1384）三月，傅友德、蓝玉率征南大军班师回朝，留沐英镇守云南。

洪武二十一年（1388），为巩固边疆、坚壁固垒，朱元璋下令"军士屯田自食"，实行军屯，驻防官兵均按职分给田地，垦荒种植。尹兰奉命留守腾冲，因功授世袭"千户指挥武略将军"，既指挥军，也指挥农。先住城内牛家巷，后迁一保街管营巷。正统初年，尹兰年迈逝世。尹兰有七子，尹山住四保街，尹海定居下绮罗尹家巷，尹河落籍大理，尹聚回四川巴县老家，尹石落籍蒙自，尹鳌落籍龙陵县镇安镇，尹土住和顺。尹兰长子尹山承袭"千户指挥武略将军"，在和顺建设军屯营地，定居和顺乡尹家坡。尹山生三子，即尹节、尹祥、尹壇。尹祥住县城管营巷，其后裔一部分迁洞山镇河尾，一部分迁中和乡老街子和下村后寨，其后又有一部分（第12代祖尹正伊）从下村后寨迁往今天梁河县河西乡下勐连村（原属腾冲县）。勐连村（又名勐连屯），原是一个傣族聚居的村落，随着军屯政策的落实，逐步成为一个以汉族为主体民族的村落，其中尹姓人家占了绝大多数。村民世代都享受着农耕文明所带来的宁静与祥和。

尹氏第16代祖尹维仕（尹明德祖父），字学之，号纯臣。尹维仕幼年因经历杜文秀起义，随父母迁徙流离，待起义平定回到故乡已是家徒四壁、田园荒芜。尹维仕憾然曰："吾家以耕读为世业，今不力耕，何有于读？"于是带领其弟开荒种田，日出而作，日落而息，辛勤耕耘，几十年如一日。尹维仕生性慈善宽厚，热心于地方公益事业，凡修路、造桥、建祠、修庙等善举无不积极参与，深得乡邻敬重。尹维仕在闲暇时，常以自己的经历为例告诫乡里子弟："为人能勤耕苦作，即一生享用不尽。"

尹氏第17代即尹明德的父亲尹占甲，字苑林，号捷魁。尹占甲自幼聪颖慧敏，读书超群。其父曾教诲道："汝祖笃志力学，应试九次，后于有司，未青一衿，今为汝慎择师保，厚具修脯，汝宜攻苦力学，以竟先人遗志。"尹占甲"因是愈加奋勉"，于光绪壬辰年补腾越厅学弟子员，后被地方绅民荐举，任野人山总练，职守一方边境安宁与士兵的训练。

明德降生勐连村

清光绪二十年（1894）七月十二日入夜时分，勐连村格外宁静。当人们正在享受着已近满月的夜色时，尹占甲的小院里突然传来婴儿的啼哭声。听到新生儿的啼哭声后，闲坐于村口大榕树下的村民，都纷纷寻声前往尹占甲家。得知尹占甲喜得贵子后，一干人等连声祝贺。

河西勐连村保持着汉族建筑的传统。月色下洁白的墙体显得格外显眼。尹宅大门很窄，也很矮小，显然不是什么大户人家的建筑格局。但俭朴的垂花和雀替，麒麟雕花撑拱和壁石上干练的莲花，菊花纹的勾头与黑白相间的彩绘，都尽显耕读世家的风范。门里门外都站满了闻迅前来的乡邻。屋里昏黄的灯光下，接生婆和尹占甲的家人们还在忙着产后之事。前来道喜的邻居和乡亲得知母子平安后，都满怀喜悦地安心离开，仿佛自己家的喜事一样，一边走一边乐呵着。

因为儿子是晚上出生的，当天，尹占甲来不及前往岳父家报喜，因此，第二天一大早，必须去岳父家报告喜讯、报母子平安，告诉岳父岳母添了外孙。岳父岳母听说女儿产得一子，且母子平安，心中甚是高兴。酿好了米酒，备上鸡蛋，第三天挑着米酒和鸡蛋前往勐连村看望女儿和外孙。

尹占甲儿子的满月酒就在八月十二日。

自古以来，汉族人认为婴儿满月便过了一关。为祝福小孩顺利过关，人们往往举行满月礼以示祝贺。父母为庆祝宝宝来到这个世界上一个月而举办了一场邀请宝宝长辈及亲朋好友为宝宝祝福的宴会。在这一天，所有的人都是围绕着尹占甲的小宝宝转。他们都给母子送上最诚挚的祝福和最真实的期待。娘家人给外孙买来了新衣、鞋帽、座椅、摇篮等小儿用品。众乡亲，尤其是尹占甲夫妇结婚前拿八字时，接收过糕点的亲戚，这一天都买上母鸡、鸡蛋或是新衣服，前来送祝米，希望母子平安健康，尤其是孩子要健康成长，长大了可以大有作为。

这一天，勐连村尹占甲家被前来祝贺的亲戚朋友给挤得满满当当的。庭院内，狭长的天井，坐南朝北的是正房。中厅设有家堂，中间供奉着天地君亲师牌位，右边供奉的是历代宗亲牌位，左边供奉的是天地三仙宅神灶君之位。这是中国汉式传统习俗。奉祭天地君亲师，是传统敬天法祖、孝亲顺长、忠君爱国、尊师重教的价值观念取向。这一思想发端于《国语》，形成于《荀子》，在西汉思想界和学术界颇为流行。明朝后期以来，崇奉天地君亲师更在民间广为流行。祭天地源于自然崇拜。中国古代以天为至上神，天主宰一切，以地配天，化育万物，祭天地有顺服天意、感谢造化之意。祭祀君王源于君权神授观念。由于在封建社会君王是国家的象征，故祭祀君王也有祈求国泰民安之意。祭亲也就是祭祖，由原始的祖先崇拜发展而来。灶君，又称灶神、灶王爷，司命真君或东厨司命。汉族民间祭祀灶神的历史十分悠久。祭灶神寄托了汉族劳动人民一种祛邪、避灾、祈福的美好愿望。

正房东、北、西三面的厢房与正房互相连通。一楼浅浅的台阶上，阶沿石与三合土构成的回廊窄得只能容一个人穿行。榫卯式的窗棂，由简单的菱形结构组成，宛然有中国结的印痕。上下共四颗菊花瓣映衬着中间的方形玻璃窗，可透进阳光。正房后面窄小的花园里只能容下一个花台，上面种着虎头兰、万年青、水仙花、茉莉花等普通花卉植物。楼上，三面厢房依然与正房相互串连，浑然一体，只是因主次之别，明显矮于正房。是为典型的支马串角楼民居。

面对前来祝贺的亲戚朋友，尹占甲乐得笑开了花。当时就给儿子取字为泽新，名明德。泽者，意为施恩德。元末明初的文学家、史学家宋濂在他的《看松庵记》中说："卒能立事功而泽生民。"而新者，则取其初次出现之意。明德，既有美德之意，也指才德兼备的人。此字此名，足见尹占甲对儿子日后在德与才方面寄予的厚望，即以德树人，以才立业，以业兴家。泽新是尹占甲的长子。他的降生，给这个耕读之家带来了喜悦与希望。一家人都把他视为宝贝。

这一天，尹占甲还把村里的理发师请来，为泽新剃满月头（剃除胎发，胎发也称"血发"）。在父母的哄逗下，泽新未发出一声哭叫。因此，除了头顶前部中央留一小块"聪明发"，在后脑留一绺"撑根发"来表达祝愿小孩聪明伶俐、扎根长寿之意，其他部位都给剃得光亮润滑。剃完胎发后，泽新的奶奶当即将胎发搓成小辫子，用红绸布将它包了起来。

满月酒后，尹占甲带着老婆和泽新前往岳父岳母家。因为泽新是尹家的长子，外公外婆都为女儿感到高兴。在汉族的历史传统里，无论是帝王庙庭，还是普通人家，都有着根深蒂固的母凭子贵的思想。泽新的降生，其母亲自然也会因儿子给她带来荣誉与地位。因此,一家人像款待贵宾一样,把宗亲和邻居都请来,再一次设宴祝福女儿和泽新。

新生儿都如雨后春笋般成长,白白胖胖的泽新,转眼就到了周岁。爷爷奶奶早已给他准备好了周岁的衣服、鞋袜、金锁、手环等物品。父亲尹占甲照例请了村里的理发师来给泽新理发。理发师把泽新的头剃得光滑铮亮,只在脑门上留一撮寿桃样的头发,以表达家人盼他能健康长寿之意。

这一天,最令亲朋开心的事是抓周仪式。抓周是第一个生日纪念的庆祝方式,是传统诞生礼之一,一直延续至今。其核心是对生命延续、顺利和兴旺的祝愿,反映了父母对子女的舐犊深情,具有家庭游戏性质,是一种具有人伦味、以育儿为追求的信仰风俗,也在客观上检验了母亲是如何带领孩子、如何进行启蒙教育的。这一习俗,可上溯到南北朝时期。北齐颜之推《颜氏家训·风操》中就明确记载:"江南风俗,儿生一期(即满一周岁),为制新衣,盥浴装饰,男则用弓、矢、纸、笔,女则用刀、尺、针、缕,并加饮食之物及珍宝服玩,置之儿前,观其发意所取,以验贪廉愚智,名之为试儿。"

人们习惯认为小孩周岁时抓周,可以预测前途和性情。常用的物品都有其相关象征意义。书或字典:代表文学家或律法。毛笔:代表书法家、文人。尺子:具有尺度的意味,代表制定法律者、规范制度者。算盘或计算器：代表商家或生意人。钱币：代表富有之意，日后可成为银行家、善于储蓄的富翁或有钱人。印章：代表官位或官权。毛线团、布料：代表服装设计师。球类：代表运动员。勺子或筷子：代表厨师、饭店业者。吃食或玩具：代表有口福，善于及时行乐。小鞋子：代表旅行家、探险家。棉签、纱布：代表医生、护士类。念珠：代表潜心修行。葱：代表聪明。蒜：代表善于计算。芹菜：代表勤劳。五谷：适合农事工作。刀剑：能当军官、警察。

仪式从巫师的诵经与祈祷开始。念诵完毕，泽新的奶奶就用套磁的茶盘装满了各类物品端出来，泽新的母亲抱着他，任由他在盘中之物间摸来摸去。一家人围观着，有的叫他抓印章，有的叫他抓尺子，有的叫他抓刀剑，有的叫他抓钱币……整个尹宅都被欢声笑语包围着，快乐幸福占据着每个人的心田。大家叫唤了半天，小泽新胖乎乎的手终于抓起了一支毛笔，大家都齐声道："尹家要出大文豪了！尹家要出大文豪了！"尹明德的周岁礼由此而进入了高潮阶段。

晚宴过后，众乡亲都满怀着喜悦之情，纷纷与尹占甲道别，踏上归家的路。直到夜幕降临时，这座小院才重又恢复往日的平静。

勐连私塾启蒙篇

泽新周岁刚过，尹家人的幸福生活就受到了来自边境问题的袭扰。清光绪二十年（1894）一月二十四日清朝驻英公使薛福成和英国签订《续议滇缅界务商务条款》而导致中英滇缅北段界务问题的产生。中缅边境处于危险境地，生活在这一带的人们只得在恐慌中度日。作为野人山总练的尹占甲不得不放弃喜得贵子的天伦之乐，奔赴野人山，保卫边境安宁，保卫国家领土不受英帝国侵犯。泽新的成长与教育任务，完全落在了母亲一个人身上。

说到中英滇缅边界问题，尹明德先生在此后的20世纪30年代亲历边境勘察，从历史文献、史迹、民族等多方面论证：自户拱南界至拿夏部落及曼尼坡与阿萨密交界处，然后沿户拱、坎底与阿萨密分界的巴特开山、龙岗多山直上西康与阿萨密交界处以北的地区，都属于中国的领土。英方提出中缅边界问题，全然是由英国的殖民侵略引起的。

18世纪中叶，英国取得对印度的控制权后，即觊觎缅甸，多次派人前往缅甸谈判，企图迫使缅甸与其签订不平等的条约，并以此为名进行侦察活动，积极为其对缅甸殖民扩张做准备。19世纪初，英国逐步在印度站稳脚跟，为了打通印度与马来半岛英属殖民地的联系，并打开从西南入侵中国的门户，进一步扩大其对亚洲国家的殖民侵略，便把侵略扩张的矛头指向了缅甸。从1824年到1885年，英国先后发动三次战争，对缅甸进行殖民侵略，逐步吞并了缅甸，使得缅甸完全沦为英国的殖民地。英国吞并缅甸之后，进一步把侵略的目标指向中国大西南，并实施其对中国蚕食鲸吞的发展计划。而清朝政府又对中缅边界未做明确界定，滇省当局也是含混不清、管理不善。这就给英人留下了北上的口实。

英人的入侵，使得尹占甲无暇顾及泽新的求学。村里的私塾离尹占甲家只有200米左右，明德曾无数次在家里听到私塾传来的读书声，也无数次悄悄溜到学堂门外听里面传出的琅琅书声。然而，父亲远在野人山职守边防不能归家，他读书的事就一直这么拖着。直到光绪二十七年（1901），已近八岁的泽新才被送入私塾读书。

私塾是私学的一种，清代地方儒学有名无实，青少年真正读书受教育的场所，除义学外，一般都在地方或私人所办的学塾里。因此清代学塾发达，遍布城乡。以经费来源区分，一为富贵之家聘师在家教读子弟，称坐馆或家塾；二为地方（村）、宗族捐助钱财、学田，聘师设塾以教贫寒子弟，称村塾、族塾（宗塾）；三为塾师私人设馆收费教授生徒的，称门馆、教馆、学馆、书屋或私塾。塾师多为落第秀才或老童生，学生入学年龄不限。尹明德参加的私塾属于第二种，是由勐连村尹氏宗族延请先生为尹姓子孙的教育学习所设。

因为泽新入私塾时已年过七岁，所以，先生除教他识"方块字"外，还同时教他诵读《三字经》《百家姓》《千字文》。受识字量所限，先生要求泽新先熟读背诵，然后再给他逐字逐句讲解。因为泽新记忆力强，背诵科目常常得到先生的表扬与肯定。继而，先生边教他识字

腾冲孟连屯尹氏谱略封面

诵读,边手把手教他润字、描红,进而临帖。到泽新十岁时,已开始诵读《四书》《五经》等,进一步接受中国传统文化的熏陶。十三岁开始学习《古文观止》等古文名篇,随后就开始学习作文。

私塾里的教育,总是先生读一遍,学生跟着读一遍。虽然是尹氏宗亲延请的先生,但要求都很严格。先生备有一把板子(或叫戒尺),学生不会背书,打;跳皮捣蛋,打;字写得不好,打;文章写得不好,打……总之,"严师出高徒",私塾里的学生基本上都是"打"出来的,没挨过打的几乎没有。有的顽劣的学生,他的手经常都是肿的，连端碗吃饭都困难。就这样，挨了打也得尽量不让家长知道，怕回家后再接着被父母"收拾"。毕竟尹氏宗亲付给先生的钱都是由各家凑份子，所以家境贫寒的子弟还是不能进宗室所设的私塾里面学习。能送孩子进私塾的家庭，父母的要求也像先生一样严格。

俗话说：人上一百，五颜六色。孩子更是这样，有的专心学业，有的生性调皮，有的憨厚老实，各不相同。然而，有一点却似乎是历朝历代的孩子都有的一个共同点：常常会用自己的智慧来挑战权威，企图改变生活学习的现状。有一次，比明德长两岁的尹崇德，因上课睡觉受到先生的惩罚，事后，他就想给先生点颜色看看。一天，他提前找到一条女人的花裤带搭在了厕所的墙头上。进到教室，他就热情地献给老师一碗热茶，以示尊敬。先生为此感到很是满意，不停地点头，以示赞许。尹崇德回到座位上，装出一幅"认真读书"的样子，心里想的却是先生的表情，他不时偷偷向那边瞥上一眼。不一会儿，先生坐不住了，只见他站起身，快速向门外走去，走路的姿势都与平时有点不一样，两只腿尽量向里夹着，还弯着腰。他是要跑厕所。原来，是这小子在泡茶的过程中悄悄把巴豆粉放在了茶里面。这位敬业的老先生，哪里知道这是那位"后进变先进"的学生在茶水里面做了手脚，还以为自己吃东西没注意呢。只见他出了教室门，夹着腿，弯着腰，疾步赶向厕所。正要向里迈进，一抬头，猛然看见墙头搭着一条花裤带，脚步像急刹车一样，戛然而止，转身向后，但又不敢离得太远，怕再赶回来就来不及了……就这样，老先生的脸憋得通红，在厕所外面转圈，一直不见里面的"人"出来。最后，终于失去控制……老先生去不了厕所，只好转身向自己的住处，换裤子去了。

前面说过，私塾里的学生基本上都是"打"出来的，没挨过打的几乎没有。尽管明德十分懂事，上敬父母先生，下对同窗友好，但也逃不了先生对他的惩罚。

因为父亲长期在外戍守边疆，作为长子的泽新不得不一边读书，一边回家帮助母亲和姐姐干活。俊德、文德相继出生后，他的家庭负担也随之加重。每天读书回家时，都得先到附近的山上打一担柴。弟弟们入睡了，他才能又拿起书本念书背诵。因为第二天先生要检查，所以要提前背得。这一夜，明德一直背诵到深夜。孩子的瞌睡多，睡不足就难以醒来，即使醒来了，也是呵欠连天、萎靡不振的。第二天一大早，母亲喊明德起床，他应了两声后接着又睡着了。等他猛然醒来时，私塾开始上课的时间已过了。他立马翻爬起来，背上书包就往私塾跑。迟到！这怎么能够逃得过先生的惩罚呢？更何况今天迟到的还就只有他一个人。先生没有因为他平时的守时、勤学、讲礼等优秀品质而免于对他的惩罚，却因为只有他一个人迟到，而多加了五板子。自此以后，明德再也不敢睡懒觉了，只要母亲一叫唤，他立马起床上学堂。

私塾给他的文化启蒙，让他一天天增长学识；私塾里严格的律条，让他越来越增强了责任感和自觉性。

省城就读识新书

前文说到，清光绪二十年（1894）清朝驻英公使薛福成和英国签订《续议滇缅界务商务条款》而导致中英滇缅北段界务问题产生。这件事情并没有因此结束。光绪二十三年（1897）清朝和英国对1894年签订的条约作部分修改。两次修订的条约对于中缅边界线，由腾冲的古永尖高山起，向南一直到澜沧江以南和老挝交界的地方都已订立了条约，只有尖高山以北一段没有订立条约，留待以后商谈解决。光绪二十四年（1898），英使窦纳乐先后两次照会总署（总理各国事务衙门），地方官吏不得干预地方治理之事，而总署与滇当局因不知详情，含糊搁置，遂有英人东侵之始。光绪二十六年（1900）正月十四日，英兵侵入我腾越边界，烧毁腾越厅属茨竹、派赖各寨，左孝臣率土民奋力抵抗，但寡不敌众，土民伤毙百十余人，左氏亦为国捐躯。英兵遂占领该处，威逼土民归顺，腾越厅闻讯派兵前往援救，英兵始退出界外。此役，明德父尹占甲奉命率领团练数百名跟随腾越总兵张松林讨伐，荡平作乱之野夷。

宣统三年（1911）一月，因英国军队悍然占领滇西片马地区，时任云南陆军讲武堂总办的李根源（1879—1965，字印泉，又字养溪、雪生，号曲石）先生受云贵总督李经羲的委派,到滇西边境做深入的调查,以备对付英国侵略军、进行外交交涉的依据。

滇西边境调查结束后,李根源顺道回腾越(今腾冲)祭祖扫墓,探望亲友。李尹两家素为世交,都是在明朝洪武年间落籍腾冲的。听说李根源回乡,尹占甲也带着长子尹明德前往九保街

云贵监查使李根源

面见李根源。李根源向尹占甲讲述了此次回乡的目的,还与这位野人山总练交流了关于中缅边界的情况。他从历史、民族、文化、风俗、地理等方面阐述了缅北片马一带确属我国领土,而此次调查所得《滇西兵要界务图注》,将成为对付英国侵略军、进行外交交涉的重要依据。然而,李根源又因国力衰微而导致大片国土被英人侵占而感叹不已,并表达了誓要收复失地的雄心壮志。尹占甲也为身为野人山总练而亲见国土沦丧而感到有愧祖宗,并说:只要政府一声号令,即投身收复失地的伟大事业中去。

面对这位仰慕已久的民主革命前辈,少年尹明德心潮澎湃、激情万丈。他敬仰李根源的学识与文化,钦佩李根源的爱国情怀,决心追随李根源的足迹,成为像李根源

一样的报国之士。于是，回家之后，他便与父母商量，要到省城求学，决心以李根源为楷模，发奋读书，增长见识，将来成为有益于国家的栋梁之材。尹占甲也十分钦佩李根源的学识与胆识，他心中想：尹氏自落籍腾冲后，始终以耕读治家，而今，明德虽经历私塾的教育后有了不错的文化水平，但社会在发展，科举已废除，新的思想、新的科技都应该成为后一辈子弟所必须掌握的。于是，尹占甲便欣然同意明德的想法，送他到省城昆明求学。父亲同意了，明德高兴得不得了，立即就去准备远赴昆明的东西。看到明德的高兴样，父亲与母亲都笑了，说："你要去昆明，也不是说走就走的事，还要等向你兄长印泉打听读书的相关事宜，得到他的支持了，你才更方便。"明德一边收拾东西，一边对父亲说："我现在收拾东西，也不影响你去问印泉兄长的事。收拾好了，说走就可以走。两不耽误。"此后的几天，明德一有空闲就打开包裹看看有没有遗漏东西，然后又把包裹给捆好。

一个年近18岁的孩子要远足昆明求学，父母亲自然是万分担心，要把此行的一切都计划、安排好。从勐连到腾冲怎么走，到腾冲又去依靠谁，翻越高黎贡山要注意些什么……行程和注意事项都交待清楚了，尹明德这才踏上了千里迢迢的赴昆之路。穿越高黎贡山原始森林，渡过怒江、澜沧江天堑，经大理，过楚雄，半个月的艰难跋涉后，尹明德终于来到了省城昆明。在李根源的协调下，尹明德进入了云南省立一中读书。

话说，1911年农历九月九日，云南省城起义光复后，一切庶政都有一番革新气象。教育方面，特设学政司（1912年5月改称教育司）专司其事，司长为李华（字适生，昆明人），次长为陈文翰（字墨轩，大理人）。当时省立中等学校除云南府、大理、蒙自等地各设立模范中学一校外，还有云南高等学堂的附属中学和云南两级师范学堂的附属中学。全省起义光复后，教育当局原计划把所有省内外中等学校一律归入省城合并为一校，继后除大理中学仍旧保留不归并外，其余各校由1912年春季始业时即一律归并，初定名为云南省会中学校，后改为云南省立第一中学校（以下简称省立一中），大理中学为云南省立第二中学校。

省立一中校址，在现在文林街北面，范围相当广阔，系把原云南府模范中学、云南府署和云南高等学堂旧址都全部拨为省立一中校址。东面的旧模范中学与云南府署中间有天君殿巷隔离，凌空架一桥以通往来；西面高等学堂与云南府署只隔一墙，打通就可以连成一片。合并后，以中部的云南府署大门为省一中大门。东部称东校，为新班学生课堂；西部称西校，为老班学生课堂。原云南府署房屋矮小陈旧，作为学生宿舍，除这一部分而外，原高等学堂大楼一联宿舍和三迤会馆（后设立成德中学）都作为学生宿舍。学校后面直达城墙的空地作为操场。

省立一中附设英、法文专修科和留日预备班，因此，要进入该校读书，还要先行法文、英文或日文的补习。尹明德选取的是法文专修班，为此，要在法文专修班补习一年。第二年，即民国元年（1912），19岁的尹明德正式考入云南省立第一中学。尹明德求知若渴，所学功课，包括国文、数学、史地、理化、外语和博物等，都打下了坚实的"新学"基础。后据尹明德回忆："当时正值腐败的清王朝被推翻，处于民国初年，教育界一片改革景象，教师中不少是赴法、日留学归国的青年学者，学校中三迤青年齐聚一堂，勤奋学习的风气甚浓。例如学习国文，规定每周必须作文一次，佳作被挑选出来，抄录贴在阅书报室内，称为'贴堂'，供全校学生阅览，以资观摩鼓励。"

尹明德所考入的英、法文专修科，前身是前清末季所设的云南方言学堂，后改为云南高等学堂（1903年，李根源曾考入此校学习）。辛亥革命后，云南高等学堂停办，就该校学生考选30余人（未考取的学生并入云南师范学校优级选科）编入英、法文专修科学习，以备送往欧美留学，造就专门人才。英、法文专修科即设在省一中，英文班有21人，法文班有16人。学习期限两年，由1912年春季开始，至1913年底毕业。学习期间，膳费由公家供给。学习课程以英文和法文为主，兼学国文和数学。

尹明德在省立一中就读期间，1914年6月，李华担任校长后，因校内设施和教职员进退，引起学生的不满，尤为学生所反对者有二。一是假公济私。他一面以修理校内讲堂宿舍为名,一面在文林街东头建盖他的私人住宅,砖瓦木材等建筑材料,公私不分,把学校所买者大都挪为己有。二是虚糜校款,培植私人。校中各班学生每星期作文一次,一向都由国文教师删改。李任校长后,为培植私人起见,每班特添设一个改文老师删改作文,并命学生每星期写日记一次,一并交改文老师删改。所聘者又大都没有实学,多为滥竽充数之徒,因而学生极为不满。李华到校半年光景,各班学生即串连反对他担任校长。首先上呈文给教育司请求撤换,然而李华是由原先任教育司长下台不久,当局特以省立一中校长的位置给他,当然不会同意学生的要求。学生乃采取第二步办法:全体罢课,不达撤换李的目的,决不复课。罢课三天后,教育司还无法解决。当时,唐继尧任督军,乃派参谋徐进(1884—1934,字从先,别号觉菴,保山蒲缥人)为代表并偕同教育司长秦光玉到校劝学生上课。徐进身着军服来到学校,腰系指挥刀,集合全校学生于雨中操场讲话。时值日本帝国主义向北洋政府袁世凯提出"二十一条"。

"二十一条"共分五大项:①承认日本继承德国在山东的一切权益,山东省不得让与或租借他国。②承认日本人在"南满"和内蒙古东部有居住、往来、经营工商业及开矿等项特权。旅顺、大连的租借期限并南满、安奉两铁路管理期限,均延展至99年为限。③汉冶萍公司改为中日合办,附近矿山不准公司以外的人开采。④

所有中国沿海港湾、岛屿概不租借或让给他国。⑤中国政府聘用日本人为政治、军事、财政等顾问。中日合办警政和兵工厂。武昌至南昌、南昌至杭州、南昌至潮州之间各铁路建筑权让与日本。日本在福建省有开矿、建筑海港和船厂及筑路的优先权等等。可以说,"二十一条"是要中国的政治、军事、财政及领土完全置于日本的控制之下,把整个中国变为日本的殖民地。这不仅是对中国主权的严重侵犯,而且也威胁到美英帝国主义在中国的权益。袁世凯不敢立即表示接受,搞起秘密外交。他为了换取日本对其复辟帝制的支持,派外交总长陆征祥、次长曹汝霖和日本代表日置益秘密谈判。在谈判期间,日本侵略军以换防为名,增兵东三省、山东、天津等地,进行武力威胁。

对于"二十一条",云南省立第一中学的学生早已义愤填膺。而此时,徐进借此机会向学生讲述国家在此外辱侵凌形势危急之际,正是大家卧薪尝胆努力学习报国之时,不能荒废学业,劝令学生即日上课。徐进的这一讲话,让罢课学生的情绪得到了很大的平复。然而,对于学生要求撤换校长一事,因李华也在场,他只说政府自有权衡。学生当即表示如不撤换校长,决不上课。徐进即在台上发气说:"不愿上课的来台上签名。"他以为这样吓唬,学生就不敢到台上签名。不料他话说完后,即有保山籍学生陈鸿钧首先到台上签名,其他学生也纷纷走向台旁,徐进即把陈鸿钧一掌推下台,抽出指挥刀作欲砍的姿势，怒声大骂说："我保山不要你这种目无法纪的狂妄子弟，保山父老希望你到省城读书，应该循规蹈矩地学习，不是要你来不守纪律地闹风潮。"后面学生大叫说："这次请求撤换校长，是我们全体同学的公意，不是那些少数人的意见，更不能以此责备陈鸿钧一人。"徐进又和蔼地对大家说："他是保山的学生，我也是保山人，我比他年长，应该教训他，希望大家不要见怪。"徐进见学生意志坚决，也不再坚持要学生当场表示即日上课的意见，后又说了一些劝勉学生的话，即下台到校长办公室休息。

午饭前，徐进乘空到学校巡视，期间遇见了因李根源而认识的保山籍学生尹明德等人，便向大家透露说："撤换李已内定，望转告大家同学，勿坚持换李后方上课的主张，以免政府威信颜面有失，转不过弯来。"尹明德等人把这一消息转告给各班代表后，各班学生纷纷进行了商议，多数主张暂行复课，如果政府仍不撤换校长，再行罢课。复课不几日后，李华终于被撤换，继任校长为李春醴。然而，主持罢课、反对李华的中坚分子中的两名保山籍学生——陈鸿钧和杨树声也同时被开除。陈、杨二人被开除后，学生又酝酿罢课，要求恢复这二人的学籍。教务长李厚本集合学生垂泪再三劝告，为大局着想，为学校恢复正常的教学秩序，希望大家不要再行罢课之举。以尹明德为代表的一部分学生认为：撤换校长的目的已达到，再罢课杨、陈二人的学籍也恐难挽回，因而也就没有再行罢课之举，反李华的运动即告结束。

民国四年（1915），22岁的尹明德从云南省立第一中学毕业。省一中学生毕业后的出路：第一种是到国内北京和各地的国立大学、专门学校或高等师范学校继续深造；第二种是到香港大学或日本留学；第三种是弃文就武，进云南陆军讲武学校；第四种是回到故乡任小学教师或其他职务，也有少数是回家赋闲的。因父亲尹占甲长期职守野人山，家庭负担全都落在尹明德母亲一个人身上，而且，尹明德到省城昆明读"新书"的愿望业已实现，为此，尹明德选择了返回家乡、为家乡的文化兴盛而努力的道路。这一选择，似乎也受到了李根源的影响。李根源先生也曾在四处求学后回到九保、囊宋关教过书。

回乡任教娶根英

1915年，22岁的尹明德回到勐连后，因为他读过私塾和云南省立一中的学习经历，既有中国传统文化的深厚底蕴，又有现代新学影响下的新视野与新思想，村里人就推举他到勐连小学担任小学教师。在村里担任小学教师，既让家庭有了固定收入，还能在工作之余分担些家庭的生产劳动，又能做好对弟弟妹妹的教育任务。他便欣然接受了这项工作。打从这一天开始，一家人团聚在一起，老爱幼，幼敬老，相互支持，让这个家庭充满了无尽的欢乐。

尹明德有过近十年的私塾受教过程和四年的新书受教经历，这让他决定在从教过程中发挥私塾教育的长处，克服私塾教育的弊端，同时吸收现代西方教育的理念。他想：传统私塾教育严格的管理制度是让每个学生都能学有所成的保障，但苛严的惩罚往往会给孩子幼小的心灵带来创伤并留下阴影；而西学强调尊重孩子的个性发展，给孩子以鼓励，让他们在快乐中学习、成长。于是，从教伊始，他便给孩子制定了一套奖励制度，以鞭策孩子自觉遵守纪律、勤学好问、积极向上、学有所长、互帮互助、团结友爱、热爱劳动、尊老爱幼。

虽然民国三年（1914）就已编订出版了小学教育课本，然而，这样的条件只在城镇及县立小学才有。尹明德从事小学教育，当地是没有现成的教材可用的，只能根据个人所学来开展教育、制定教学计划。一开始，他从教学生识字、识数教起，然后又增加了写字、算术、体育、劳动等内容。当然，在他看来，中国的传统文化是绝不能丢的，因此，也教学生读《礼记》《左传》《国策》《论语》《孟子》以及历代名家诗文。

乡村的文化传播与教育工作让尹明德的生活很是充实。然而，此时的尹明德已进入成婚立家的年龄，事实上，如果他一直在农村，早已是为人父母的人了。春节前，一家人就尹明德成婚之事进行了一番商议后，认为九保镇李根源的堂妹李根英最为合适。尹李两家都是明朝洪武年间因征讨云南而落籍腾越的，且两家素有往来，同

1957年尹明德与李根源于北京合影

时，尹明德又一直敬仰李根源，便欣然同意。

　　李氏家族是一个世代守卫边疆的将门之家。李家祖籍山东益都，始祖叫李德，字本裕。明洪武十四年（1381）九月随征南将军傅友德的右将军沐英南征云南。入滇后以军功世袭云南前卫千户。李德传三世至李全时，正统七年（1442），被明军赶到孟养的麓川少数民族头领思机发"窥大军归，图恢复"，起兵占芒市，反抗明王朝。为镇压"妄图进行分裂割据"的农奴主，维护国家统一，加强边境的军事实力，李全被调往腾冲，从此李氏子孙在腾冲落户。李氏子孙传至十世李镇雄（字钟英）

时，正值吴三桂引清军入关，击败李自成后大肆南下。永历帝一路向西逃到腾冲，李镇雄以扈从有功，被晋升为都指挥佥事、练兵卫总管、武略将军。后来，李镇雄在兵荒马乱中与永历帝在蛮募（今缅甸八莫）失散，只得归耕腾越曲石，过隐居生活。临终时，"戒子孙勿求仕进"。从此后，李家以农耕为业，耕读传家。李镇雄之子李旭、孙李琼伯"均绩学能文，遵遗命不与考试，以布衣终，三世为明遗臣"。清朝承袭明代卫所制，屯兵于边境。李根源祖父李殿琼又重操祖业，当上了龙陵营千总官。咸丰六年（1856）云南回族领袖杜文秀领导少数民族起义，李殿琼奉命镇压，战死沙场，家也被毁。李殿琼夫人黄恭人率一女二子"逃河西，奔蛮丙，走蒲窝"，在极其艰苦的情况下抚育孩子成长，供他们上学读书。长子李大茂（字蔚然）在范开明门下读书后，以都司衔尽先补用守备腾越镇中营千总官，驻军九保，不久便将母亲、姐姐（李翠娥）、弟弟（李大荫，字春波）接到九保奉养，从此便在九保落户。光绪四年（1878），李大茂娶妻阙氏，次年生李根源。此后，又添三女二男。李大荫娶妻何氏，其中一女，取名李根英，自小聪明伶俐，在李家传统家教下，温良贤惠，知书达礼。

一家人商定后，即找了媒婆，前往九保镇李家去提亲。李大荫深知尹李两家都是明朝时随军南征而落籍腾冲的，而李家落难时也曾受过尹家的照顾，同时，尹明德曾远赴省城昆明求学，李大荫认为他颇有李根源的风范，有很强的正义感，于是同意了这门婚事。

在经过"纳采""问名""纳吉""纳征"等礼节后，明德的母亲找了算命先生请期，确定迎亲时间为正月初八日。因为明德是长子，所以他的婚礼办得很是热闹光彩。

正月初六日，就请村里的好命佬来安床（将新床搬至适当位置）。举行婚礼的前一天，再由好命婆负责铺床，将床褥、床单及龙凤被等铺在床上，并撒上各式喜果，如红枣、桂圆、荔枝干、红绿豆及红包。

春节刚过，正月初七这一天，勐连村和九保街又开始热闹起来。因为这一天，尹李两家要杀猪宰羊，准备请司仪、厨师、帮厨、轿夫等相帮的人员。这些人应聘后，就在这一天即到主家开始工作，做好迎亲摆宴的准备工作。两个村庄都被浓郁的喜庆气氛所包围着。

正月初八一大早，尹明德家一切准备就绪，迎亲队伍浩浩荡荡，又是鸣炮，又是奏乐，开始发轿迎亲。此时，李根英家已早早开始准备喜筵。母亲正忙着为根英梳头，用丝线绞去脸上的茸毛，化好妆，然后蒙上红布盖头，等待迎亲的花轿。明德的花轿到达根英家时，又一通鸣炮奏乐，热闹非凡。花轿落地后，根英家的亲人即出来迎接迎亲队伍。尹明德一行进入堂屋，新郎官明德叩拜岳父岳母，并呈上以其父名义写好的大红迎亲简帖。接着是女家动乐开筵。

宴席开始，明德一行迎亲队伍首先入座。他虔诚地为长辈们倒酒敬烟，并在根英哥哥的介绍下逐一认亲。之后，明德也入席就坐。当他坐下时，发现摆放在自己面前的那双筷子又粗又长，足有两尺长。这是当地汉族学习阿昌族人戏弄新郎的习俗——"长筷戏新郎"。当然，这双竹筷并没有阿昌族人用两根金竹做的筷子长。明德正在想着如何使用这双筷子时，一旁站着的人就说："新郎官，阿是我家的饭菜不合你的口胃？怎么还不动筷呢？"明德拿起又粗又长的筷子，正不知道如何使用，这时，旁边的人略有生气地说："看来我们的新郎官从昆明大寨子回来，连筷子都不会用了！"引得席间众乡亲一阵哄堂大笑。明德费力地用筷子去夹酥肉，却未料，那酥肉是用线穿成串的，夹起一个，挑起了一大串。明德站起身来，才把这一串酥肉给挑进碗里。整个碗都装得满满当当的。满座的客人全都笑开了花。这时，又有一人来到明德身边说："新郎官，我们九保街的豌豆又嫩又甜，你也夹几个尝尝！"明德知道这又是对他的戏弄，但他知道这是传统习俗，不能因此生气发火，只好一边应和着，一边努力用这双又粗又长的筷子去夹豌豆。说实在的，这可比刚才夹酥肉要难多了。在初春和煦的阳光下，明德费力地去夹豌豆，弄得满头人汗，才终于夹起了一颗放在碗里。这可不行呀，你不把它吃进嘴里，出题目的人怎么会善罢甘休？这一次，明德没有再去碗里夹，而是用那又粗又长的竹筷从碗里向嘴里扒，可算是把这豌豆给吃进肚里了，满座宾朋又是一阵欢声笑语。

吃完早饭，新郎和新娘在媒人的引导下向新娘的祖先神位和长辈行礼后，伴娘搀着新娘上了花轿。新郎明德则骑着马，紧随其后。在鞭炮声与鼓乐声中，迎亲队伍回到了勐连村尹明德家。花轿停在新郎家的大门前，明德家请的年轻貌美的伴娘上前掀起轿帘，将新娘搀下车来，宾客们向新郎、新娘身上撒花。进入堂屋，尹占甲夫妇端坐在正堂上。司仪扯开嗓门唱和道："一拜天地！"新郎新娘面向门外跪拜。"二拜高堂！"新郎新娘又转过身来面向父母跪拜。"夫妻相拜！"新郎新娘面对面互相致礼。传统的三拜结束，司仪又扯开嗓门唱和道："良辰吉时已到，将新郎新娘送入洞房！"

喜宴结束，宾客纷纷在醉意中离去。与新郎年龄相仿的，却始终坐等着进入明德根英婚礼中的高潮环节——闹洞房。闹洞房是传统婚礼的环节，除逗乐之外，还有其他意义。一方面，据说洞房中常有狐狸、鬼魅作祟，闹洞房能驱逐邪灵的阴气，增强人的阳气，俗语说："人不闹鬼闹。"另一方面，能增添热闹气氛，驱除冷清之感。旧时代男女结合多是经人介绍的，相互之间比较陌生，闹洞房能够让他们去除陌生感，为新婚生活开个好头。此外，闹洞房还能使亲友彼此熟识，显示家族的兴旺发达，增进亲友间的感情。明德携根英先给宾朋一一奉茶，一边奉茶，一边领着新娘"作揖认亲"。然后就给众位亲朋献上纸烟并点火。"闹洞房"这就算是真正开始了。有的亲朋为戏弄新郎新娘，故意把烟头给弄湿，新郎新娘划了几根火柴才把火给点着。有的则任凭你怎么点火,他就是不吸。明德说:"我家表,你要吸呢啥!"那位老表接上就说:"让我吸哪窝儿?"满座亲朋就此乐开了花……

婚后,夫妻相处融洽,上敬父母,下爱兄弟姐妹。入夜了,两人常常提及的话题就是兄长李根源。他们谈论兄长为了使中国富强起来,历尽波折和千难万险,先后东渡日本留学,创办云南讲武堂,与蔡锷等人领导云南重九起义,积极参加"二次革命"和护国运动等。尹明德在昆明读书时,曾经多次拜会过李根源。李根源还向他讲述过去日本留学的艰辛。1904年8月14日,李根源一行从昆明启程,11月5日才到达日本,随即进入日本参谋部为中国学生开设的振武学校,这所学校专门从事陆军士官教育或陆军户山学校的预科教育。然而,李根源因水土不服,不久又得了严重的风湿性关节炎,翌年2月转入青山陆军医院治疗。在住院期间,曾一度高烧不退,医院向学校下达了病危通知书,要校方派人善后,李根源甚至还立下了遗嘱。在杨振鸿等同学的照料下,4月19日,李根源终于战胜病魔,重返学校学习。因为身体还很虚弱,同学们都劝他退学改学法政,但李根源意志坚定,以顽强的毅力战胜了困难,并创办了《云南》杂志。1906年7月,进入士官学校步兵科。直到1909年8月,才回到阔别5年多的昆明。李根源的坚强意志和执着精神深深地鼓舞着尹明德。李根英在父亲李大荫和堂哥李根源的影响下,心胸开阔,通情达理,是一个深明大义的女子。她认为,尹明德自小就读过私塾,又到省城昆明上过学,是一个有学识、有见识、有能力的人。在国家处于混乱又十分落后的时期,应该向哥哥学习,以国家为重,学习更多的科学知识,为国效力。古语说:家有三斗粮,不做孩子王。现在已成家了,家里的事务可以由她来分担,尹明德不用为家庭考虑太多,努力闯出一片天地来。

第二章　务勘界不畏艰险

尹明德因对滇缅边界历史知悉甚多，滇缅界务研究委员会成立后，即被国民政府委派为滇缅界务调查专员。他招募志士仁人组成调查组，翻山越岭，涉河渡江，穿越原始森林，置身瘴疠之地，深入英人占领区，从历史文献、文化遗迹、自然地貌、风土人情等诸多方面开展调查，提出"户拱—巴特开山线"的划界建议，为成功解决中缅边界问题做出了杰出贡献。

为报国日本求学

尹明德毕竟是家中的长子，他有承担整个家庭重担的责任。他18岁离家到省城读书，一去就是将近四年时间，已让家庭付出了巨大代价，没有尽到一个长子应尽的义务，也没有尽到一个长兄的责任。如今成家了，家庭为他娶妻还欠下了许多债务，至今还未还清。如果能多在村里小学多当一段时间的教师，多领几个月的工资，不仅能还清欠债，还能给家庭一点盈余。再说，这新婚燕尔的，也舍不得把娇妻一个人留在家里。明德这么想着，因此，尽管夫妇两人已商量过多次，却始终未敢把这番打算向家人提出来。

七月的勐连已是骄阳当空，万物碧绿。大青树更加茂密，而田间稻谷，已香盈整个村庄。那稻田里的秧鸡，不时地从这一块稻田飞向另一块稻田。田埂上的稻草人，始终傲气地雄立于稻田间，捍卫着自己的领地。夕阳西下时，整个村庄暑热消散了，却显得温暖祥和。快到收割季节了，尹占甲也从野人山休假回到家，准备一年的大丰收。俊德、文德和哥哥明德从地里回到家，就帮着母亲和嫂子拿碗抬菜。这一天的晚饭也如同往常一样地开始了。

晚饭如常，而明德的内心却不能如常。适才从地里回家途中，明德就曾温和地对两个弟弟说："你们现在已经长大了，父亲又常年不在家，你们要学会为家庭分担责任,家里的农活要靠你们两个承担起来。如果一个家庭的农活还要让女人去做,那是会让人笑话的。同时,母亲和你们嫂子的家务活也要多帮助。"两个弟弟听惯了哥哥的教育,但今天总感觉有些不太正常,又不好问。因此,两人回到家,也不曾说一句话,只是忙着去帮母亲和嫂子干活。

明德的母亲也感觉到今天的气氛有些不对劲,说:"你们两个吵蛋,今天是不是又惹什么祸,被你哥哥训了?"

俊德、文德一边吃饭,一边摇了摇头,也没说一句话。

"那你们两个哑巴了?!"母亲顿了一下又说,"平日里一家人就见你们俩吵来吵去的,今天这是咋个些了?啊?"

俊德、文德也没有答话。这时,根英看了明德一眼。

明德放下手中的碗筷。

"阿爹,阿妈。"明德咽了一口,接着说,"我想和你们商量个事。"

父亲尹占甲抬起头来看了明德一眼,又看了根英一眼,边吃饭边等着儿子继续说话。

"我不想在村里教书了。"

听到这话,父亲尹占甲放下了手中的碗筷。母亲也瞪着个眼睛看着明德。都没有发话。

"我想去日本留学。"明德继续说道,"我读了这么多年书,结果就回来当个小学老师,我心有不甘。我要学习印泉哥哥,到日本去留学,将来才能有更大的出息。"

"唉，我就说这段时间……"母亲的话才出口，就被明德父亲的话给打断了。"我同意你的想法。"父亲咳嗽了一声继续说，"国家落后，列强肆意妄为。年轻人到外面多学点东西，将来好报效国家。这是件大好事。你有这样的想法，也是我尹氏门中之幸。你打算什么时候走？"

坐在一旁的母亲平日里就察觉到自己儿子的心已不在这个家里，现在突然听到这个消息，觉得这个儿子从此就不再是自己的了，于是就坐在板凳上抽泣起来。

明德安慰了母亲几句后说道："我打算秋收结束就走。根英就交给你们了。"

根英为自己的丈夫终于鼓足勇气把这个想法说出来而感到高兴，但又为他即将离她而去而感到伤心，也跟着母亲抽泣起来。

"出国留学不是件简单的事，要尽早做准备。"尹占甲接着说，"你明日就带着根英去和你岳父岳母说明此事，顺便告一个别，回来后就准备出发。到昆明去找你的大舅哥印泉，把你的想法和家里的决定都告诉他，请他帮忙联系，办理相关事宜。家里的事你就不用操心了，俊德、文德也长大了，可以边读书边帮家里做很多事情。"父亲转过头来对着两个小儿子说："你们两个除了做好家里的农活，也要好好读书，将来才能有出息，才能更好地为国家出力。这件事就这么定了，好好吃饭！"

这一夜的尹宅，出奇的安静。

尹明德要前往日本留学的事很快就在勐连村传开了。大家都在议论：像明德这样的人才，在村里担个小学教员也真是太屈才了；咱们勐连村就要出大人物了；明德走了，谁来教我们的孩子呢……

告别了岳父岳母两三天后，一切都准备妥当了，明德就一个人又一次踏上了前往昆明的遥遥之路。而这一次不同于前些年去昆明读书，而是要取道昆明，前往东海另一头的日本去留学。

这一天，勐连村尹姓宗亲和邻居们都来到尹占甲家为他送行。十天之后，明德来到了省城昆明。

尹明德到昆明后，立即前往云南讲武堂去拜见李根源。然而，李根源因为前往南京出差，三四天后才回到昆明。两人见面寒暄一番后，尹明德即向他说明了此次来昆的目的。

"哥哥，我这次来昆明，主要是想得到您的帮助，出国留学。"尹明德抬头看了一眼内兄，见李根源没有接话，就接着说，"前些年，我来昆明读中学，接受了一些西方文化的熏陶，也感受到了落后国家需要改良的同时，更需要国民能够接受先进文化，学习先进的生产方式，才能让人民丰衣足食，过上幸福的生活，才能让国家富强起来。回乡教书的过程中，我重新认识了人民生活的面貌，感受到国家的贫穷与落后。西方列强之所以敢肆意入侵中国，归根结底还是我们的国家贫穷、软弱。攘夷必先师夷。我们要使国家不受外敌欺凌,唯有向当今发达国家学习他们的先进文化和先进科技。"明德呷了一口茶继续说,"我和根英成婚后,根英十分支持我出去,还一再叮嘱我要向哥哥您学习,以您为榜样,做一个对国家有用的人。同时,两个弟弟也渐渐长大,能够在读书之余帮助家里做很多事情。我父亲听说我想留学,也是极力赞成的。"

李根源一边听妹夫的讲述,一边频频点头表示肯定与赞许。

"泽新呀,说实在的,你当年从省高毕业时,我就曾想过让你出国去学习,长一长见识,进一步提高你的文化科学水平。然而,你是家中的长子,理应帮助父母挑起家庭的重担。我们两家自明朝以来就是世交,这一点,我需要站在一个家庭的角度去考虑。你和根英妹妹的结合,我也是十分赞同的。两个世家又有了新的联结点,能够让两家人的关系得到进一步的维系。现在,你提出来要到国外去留学,学习先进文化和新科技以报效国家。你有这一份爱国报国的思想,可以说是尹李两家之大幸,也是我中华民族之大幸。我全力支持你!"李根源呷了一口茶问道,"只是不知道,你想去哪个国家留学?"

明德回答道:"日本。日本自明治维新以来,国力日渐强盛,已成为当今亚洲的强国。我们的国家也应该向日本学习,提高国民的综合素质,发展民族工业,提高国家的战斗实力,才不会被外敌欺凌。"

李根源听后说道:"是的,大和民族在学习西方强国的先进科技后,已然成为亚洲第一强国。国家也支持有志之士前往日本学习,以振兴民族工业,让中华民族重新抬起头来。但是,你以前学的是法文,现在要去日本留学,还得要重新学习日本国的语言,通过他们的考试才行。"

"在省高读书时,虽然学的是法文,但我平时对日本国语言也有过一些接触与学习。"明德接着说,"到日本后,我会一边勤工俭学,一边加强日语学习,以期早日进入专门学校学习。"

"那你是想去学习军事,还是历史文化,还是工业?"李根源问了一句,接着说,"根据你的个性修养和在省高学习的情况,我个人建议你去学习工业类的,将来能为民族工业的发展做出自己应有的贡献。"

"我也是这么想的。"尹明德回答道。

此后,在李根源的帮助下,尹明德办理完出国的相关手续,带着李根源的介绍信和给在日本东京振武学校和军官学校的老师的信函,于民国六年(1917)远赴日本东京留学。临别时,李根源给了尹明德一些盘缠,希望他早日学成归国。

尹明德远渡重洋,来到了日本东京。东京的繁华让他感受到了中国传统文化在日本得以发扬光大的现状,更让他感受到了中日两国之间的差距。在李根源当年的老师和同学的帮助下,尹明德先找到了一家日语培训学校,然后就去一家纺织企业找到了一份临时工的工作。一边打工挣钱，满足日常生活之需，同时为家庭减轻生活负担；一边努力学习日语和相关入学考试内容，以期早日进入专门学校学习先进科技。

然而，1918年5月，正当尹明德在日本东京经过一年的补习、准备报考正式学校之时，国内发生了北洋军阀段祺瑞与日本订立卖国军事密约事件，尹明德强烈的爱国思想驱使他立即参加了留日学生的游行请愿活动。然而，这样的游行请愿是无法阻止这已然发生的中日两国间的大事。尹明德认为当下还继续留在日本留学，只会是自取其辱，于是，毅然做出了中辍学业回国抗争的抉择。回国后，目睹日本军国主义对中国的蹂躏，更加激发了他对日本的极度厌恶感，再也不愿回到日本继续求学。然而，他科技报国的梦想不能就此终结。于是，他加紧学习，准备报考国立北京工业学校学习科技，以振兴国家的民族工业。这一年夏末，尹明德以优异的成绩考入国立北京工业学校机织（毛呢纺织）系学习，为他实现科技报国梦又迈出了坚实的一步。

然而，积贫积弱的国家总是会受到列强的觊觎与欺凌。1919年5月，巴黎和会的消息传到北京。第一次世界大战期间，中国参加了协约国，对同盟国作战，曾支援协约国大量粮食，还派出17.5万名劳工，牺牲了2000多人。第一次世界大战胜利后，中国代表团向和会提出了两项提案：取消帝国主义在中国的特权；取消日本强迫中国承认的《二十一条》，收回山东的权益。然而，这一提案遭到西方列强的拒绝。北洋军阀认为不签字对国家利益的损害更大，因而依旧命令中国代表团在和约上签字。北洋政府的这一行动，引发了北京各高校学生组织示威游行，由此而爆发了中国历史上具有划时代意义的"五四"爱国运动。在此次运动中，尹明德被学生推为工校代表，参加学生联合会的各种活动。对于此事，尹明德感受颇深，直到晚年仍记忆犹新，写下了《北京"五四"运动回忆》一文，并说："因此认识到群众运动力量的伟大。"

1922年6月，尹明德从国立北京工业学校毕业，此时正值第一次世界大战之后，英美等帝国主义国家将纺织品大量倾销到中国，我国纺织行业极为萧条，纷纷关门倒闭。面对这样的景况，尹明德一心想投身于纺织工业的美好愿望无奈化为泡影。李根源时任北京政府农商部总长，在他的眼里，尹明德是一位勤谨能干、求真务实的上进青年，这些品质是难能可贵的，也是李根源素来所看重的。于是他力荐尹明德任农商部武昌林业试验场场长。试验场地址在湖北武昌徐家棚下面长江边，有地300余亩。设场目的在于培养林苗，以资提倡造林，美化环境。处在纺织梦破碎后陷入彷徨的尹明德对李根源的提携感激不已，他认为培养林木也是国家之需，便欣然接受，决心用自己的实力来报答李根源的知遇之恩。他在任的两年间，为林场事业尽心尽力，恪尽职守，其业绩有口皆碑。

进工大初识界务

1924年春,尹明德被调回北京农商部工作。为了提高自身学识,他又进入国立北京工业大学研究班继续深造。

尹明德在国立北京工业大学研究班继续深造期间,结识了不少在北京各大高校读书的腾冲籍青年学子。他们虽然身在北京,心中却都对家乡甚为关切。在北京接受了新思想新知识的熏陶,感觉到了家乡的贫穷与落后。他们除了在一起共诉思乡之情外,觉得应该为家乡的发展尽一份力,于是,共同创办了《新腾冲》,并将编印的刊物寄回家乡,目的在于传输新知识,提倡改进一切。由于腾冲地处边疆,因此边疆问题成为《新腾冲》中的重要内容。尹明德任此刊编辑,他想起了宣统三年(1911)李根源先生深入滇西边境所做的调查及其所著《滇西兵要界务图注》一书,以及平时父亲尹占甲从野人山回家时和他们所讲的边境情况。在深入研究中,他了解了李根源考察过的地方及其图表说明和每个地方的历史、民族、文化、风俗、地理等。李根源《滇西兵要界务图注》一书的编写样式,也直接影响了后期的尹明德,成为他后来撰写《云南北界勘察记》及其他文献的范本。同时,他还研究了清朝末年有关滇缅界务史实,搜集了关于片马交涉的历史文献资料,在《新腾冲》第四期还出版了《界务专刊》一册,揭露了帝国主义的侵略野心,以供国人参考研究,提

新腾冲封面

醒国人密切注意边界问题。

在《界务专刊》中,尹明德一方面具体阐述了滇缅北界在历史上曾归属于我国,我国有理由力争;另一方面,还从英国殖民东南亚、南亚国家的步伐中,揭露了英军蚕食中国领土,意欲侵略中国的狼子野心。这些历史积淀,也使得尹明德在勘察滇缅北界时,多处详述了滇缅北界的历史渊源,为滇缅北界勘察报告准备了翔实的文献资料。

19世纪初,英帝国主义在东方大肆进行殖民扩张,1885年吞并缅甸后,旋即将侵略魔爪伸向中国云南,中英滇缅边界问题缘之而起。

滇缅北段未定界,僻居荒徼,国人向来很少注意。

其区域极为辽阔，南起北纬25°35′之尖高山（又称马南坪），北至北纬28°15′驼洛江源查肯图，西自东经90°户拱西界起，东抵东经98°30′高黎贡山，即南接英属缅甸密支那（明属孟养土司），西接印度阿萨密，北接西康，东连云南。北部狭长，南部宽阔，有如菱形。其面积约等于我国浙江省。内分户拱、坎底、野人山、江心坡、俅夷、浪速、茶山（即小江流域）各部。有恩梅开江（土人称恩买卡）、迈立开江（土人称麻里卡，又名木里卡）、更的宛江（又名后江）等河流纵贯其间。

滇缅北段未定界在古哀牢地范围内。哀牢地"延袤三四千里，在澜沧江以西逾伊洛瓦底江地带，其南当至怒江下游两岸近入海地带"。由于哀牢地地广人众，"称邑王者七十七人，户五万一千八百九十，口五十五万三千七百一十一"。故其范围无确切记载。哀牢地大概范围，东至比苏（今云龙）、博南（今永平），与昆明（叶榆蛮）部族相接，西至伊洛瓦底江流域，北至上江、泸水以及茶山、里麻等地，南至西晋以后设置的永寿（今耿马、镇康、孟定境内）、雍乡、南涪、永安、犍夏、西城。

从我国历代在哀牢地的设治情况可看出其历史归属。哀牢地设治始于西汉，《华阳国志·南中志》载："孝武时（约公元前109年）置嶲唐、不韦二县，渡澜沧水以取哀牢地，哀牢地转衰。"东汉永平十二年（69），"哀牢王柳貌遣子率种人内属……以其地置哀牢、博南二县,割益州郡西部都尉所领六县合为永昌郡"。可见,东汉时哀牢地已在中央王朝的控制范围内,属永昌郡。

蜀汉时诸葛亮南征,分永昌郡一部分(叶榆、邪龙、云南)为云南郡,永昌依然设郡(领不韦、嶲唐、比苏、博南、哀牢),哀牢县仍属永昌,其辖境包括今腾冲、龙陵以西区域,直达伊洛瓦底江上游两岸,边境范围与东汉时期相比并不曾缩小。

两晋时,永昌郡地域范围基本上沿袭蜀汉时期未变,辖境西北抵今中、印、缅三国交接地,西部越过今伊洛瓦底江流域,南至今西双版纳边境。东晋咸康八年(342),永昌郡被撤销。南北朝时,永昌郡仍未复立。中央王朝在哀牢地的统治松弛。

唐南诏时在汉时哀牢地设镇西(丽水)节度、永昌节度、开南(银生)节度。镇西节度边境与缅甸相邻。宋大理政权时期设置腾冲、永昌二府,腾冲府沿袭了丽水节度辖境范围,永昌府基本上沿袭了永昌节度辖境范围。

元代设置大理、金齿等宣抚司,史书记载:"至元二十二年(1285)立大理、金齿等处宣抚司,兼管军万户府,又改为宣慰司都元帅府,治大理、永昌、迤西、迤东、金齿诸路。"其地在"大理之西南,澜沧江界其东,与缅地接其西"。

明代设置麓川宣慰司,下辖茶山、里麻两长官司。《明史·地理志》说:"里麻长官司,永乐六年(1408)七月析勐养地置,直隶(云南)都司。"里麻长官司辖境在今缅甸克钦邦东北部的恩梅开江与迈立开江之间的江心坡地带。至于里麻长官司以东的茶山长官司，《明史·地理志》中说："茶山长官司，永乐五年（1407）析勐养地置，属金齿军民司，嘉靖元年（1522）属（永昌）府。"茶山长官司辖境在今云南怒江州西南、腾冲北部境外的恩梅开江支流，小江流域地带。明末，随着王朝对西南边境控制的松弛，茶山、里麻两长官司被废去。清朝时，没有再任命茶山、里麻长官司的土官，里麻之地即脱羁縻，但原茶山长官司辖境的大部分及其邻境地带，于乾隆十八年（1753），被云贵总督硕色划归腾越州、保山县、云龙州（属大理府）、丽江府分别管辖。至清朝末年，原里麻长官司全境及茶山长官司的一部分辖区（即尖高山以北、高黎贡山以西的大片区域）被英人强占经营，成为所谓的"北段未定界"。此段界务直到中华人民共和国成立以后才得以解决。

在《界务专刊》中，尹明德另一方面还详细介绍了历次中英滇缅边界交涉情况，有助于后人汲取经验教训，避免重蹈覆辙，成为研究滇缅边界问题较为翔实和可靠的资料。

清光绪二十年（1894），《中英滇缅界务商务条款》第四条云："今议定北纬25°35′之北一段边界，候将来查明该处情形稍详，再定界线。"做出此项规定，是因为我国订约使臣薛福成不明滇边情形，担心被英人蒙混。而英国则是预留东侵云南、北略康藏的余地，故在此

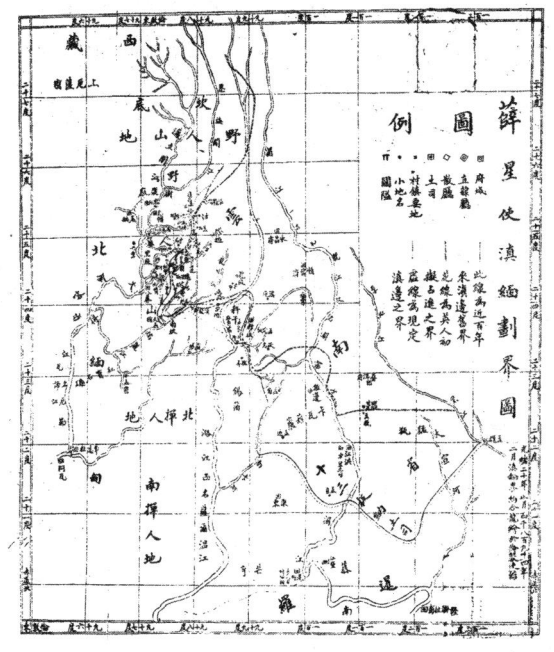

滇缅划界图

条款中仅言纬度，不言经度，但言北一段，而不言北至何处止。此条款是滇缅尖高山以北界务发生纠纷的开始。

光绪二十四年（1898）六月初十日，英使窦纳乐照会总署文末段云："上年十二月间，有华官带兵二百名，进入恩买（也译为"梅"）卡河北境内，请转饬该处地方官，于恩买卡河与萨尔温江中间之分水岭西境，不得有干预地方官治理之举。"同年十月十二日，英使复函总署再次申明照会所言，并问曾否转行滇督。总署复称："已于六月间据情咨行滇督。"

当时，腾越镇守刘万胜正与英员按照条约勘划尖高山以南界线，而英使在照会前段言及南段界务争执之事，末段则无端混入北界之事。当时总署与滇省当局均不知恩买卡河所在，并未辩明有无华官带兵出入恩买卡河北境之事，也未询明分水岭系属何山、究在何处，竟含糊搁置，英人遂认为中方默许。此为英使照会对于滇缅尖高山以北界务含混东侵之始。

光绪二十六年（1900）正月十四日，英兵侵入我腾越边界内，烧毁腾越厅属茨竹、派赖各寨。左孝臣率土练土民奋力抵抗，但寡不敌众，土民伤毙百十余人，左氏亦为国捐躯。英兵遂占领该处，威逼土民归顺，腾越镇厅闻讯派兵前往援救，英兵始退出界外。一切情形，经滇督魏光焘电咨总署照会英使。英使窦纳乐谓滇西交界滋事，是因为华兵先越界，并称该处未分界，应先以恩买卡河与萨尔温江中间之分水岭（即高黎贡山）为暂时从权之界。事实上，据滇督调查，"茨竹、派赖各寨，系我土把总承袭世守之地，所管地方，以缅境接壤之小江为界，均有图册可考"。总署照请英使："茨竹各寨系中国世袭土弁管辖之地，以滇缅交界处之小江为界，英兵不应过界毁烧，请饬任守管小江边为界。"英使照复，引光绪二十四年（1898）两次文函，以分水岭为界。并谓当时若辩驳不允，自无难另定界线；因彼时既无异议，是以印度政府视此分水岭为中国已经允定之界。英兵举动在分水岭以西,并未过界。交涉数年,竟无结果,此为英人兵力东侵滇境之始。

英人入侵茨竹、派赖各寨,是欲证实前文以分水岭为界之议,以便实行进一步的侵略,实属无端挑衅。而总署照会英使"以滇缅交界之小江为界"一语,亦并未知悉小江及滇边地形。日后石鸿韶道台与英领事列敦会勘边界时,竟顺小江边至小江源,并照会列敦领事曰:"小江外各寨,久在化外。"此语极为荒谬,实际上是被总署"以小江为界"一语所误。

光绪三十年(1904)九月十九日,英使照会我外务部,请彼此派员由中国境内前往分水岭会勘界务,以便和平商结。是年冬,清政府遂派腾越道台石鸿韶与驻腾越英领事列敦会同勘界,石鸿韶固照搬总署"小江为界"一语,顺小江边直勘至小江源,抵板厂山为界,并照会英领事列敦声称:"小江以外各寨,久在化外,会勘地图中,高黎贡山脉旁注明即潞江与金沙江之分水岭字样。"此事又被列敦领事所欺。而列敦领事得寸进尺,竟欲由明光河头直上高黎贡山,循山岭北往西藏,并言:凡水归龙潞二江者,概归滇;凡水归金沙江者,概归缅。石鸿韶认为若照此划分,则片马、岗房、鱼洞、茨竹、派赖各寨,均会划归英缅。于是列举某某土弁应归至某某寨,并以明光的杨、左两抚夷于道光年间承袭的兵部札付作为证据,坚持认为这些地方为我世守管理之地,极力与列敦争辩。列敦领事许诺愿由缅政府出印洋四千元交与华官，转发各土弁作为补偿，并谓缅政府愿出印洋一千五百元永租该地。我外务部详察地势后，开具节略，咨行到滇，称北段界务，原系腾越厅与野人山交界，恩买卡河即为交界之处。又详述了野人山北为傈夷地，再北为怒夷地，再北始接西藏。均为大理、丽江两府西边之地，纳贡中朝，载明图志。此次勘划，应循恩买卡河至小江西，恩买卡河之分水岭为止，以野人山横亘其间，使其不北通西藏。复由滇督饬洋务局拟一公平线，以示格外退让，并结具五色线图，附以节略，请由外务部磋商，以期就范。英使萨道义仍坚持分水岭原案，谓已经列敦查明，应以高黎贡山为界，清政府虽多次照会英国应派员重新勘界，但英国置之不理。

宣统二年（1910），保山县登埂土司赴片马各寨收杉板税，与头人伍嘉源、徐麟祥等发生冲突，烧毁民房。徐、伍等投英后被我方缉获监禁，并电请外务部照会英使，谓滇属土司与土民冲突之事，应由中国地方官办理，英人不得过问。而英使朱尔典照复，仍坚持以高黎贡山分水岭为界。是年冬，英兵占领片马。

民国元年（1912），迤西道尹先后呈报云南省政府，"英人在班瓦丫口及明光外大丫口私立界桩，并在他戛（今拖角）建造营房，购粮运械，兴修由片马经傈夷地至西藏的道路"。云南省政府将此事呈报北京外务部，请向英使朱尔典严重抗议，但英使仍置若罔闻。民国二年（1913）二月，滇藏交通队长电称："有英兵率喇嘛汉人及阿普头目，分数路侵入我界纳来、茶谷等处，筑舍扼险，又有二路人马溯狄满江而行，似入西藏。"

同年十一月，菖蒲桶行政委员转据俅管袁裕才报告：驼洛江伙头，多由英人发给执照，该处贡项，恐难收获，并附呈洋文执照二纸。同年英国派兵数千，分路前进：一由上片马，过石灰河、鲁掌、登埂入六库；一由帕铁河、卯照至称戛；一由明光出腾越，准备大举侵滇。民国二年（1913）七月，维西县知事呈报：本年三月有英人三名，带从人六十名，来至拉打阁，将附近伙头松蔑擒去，勒令交出汉官发给凭照，始行放还。是年冬，复呈报英人在俅江附近修筑道路计有五处，以达怒俅两江间之山顶。

1925年1月，国民党在广州召开第一次全国代表大会，采取了联俄、联共、扶助农工三大政策，并提出反帝反封建的口号。孙中山先生以列宁为师，实行新民主主义革命。受新民主主义革命和"五四"运动的影响，6月，尹明德在北京加入国民党。此后，他从国立北京工业学校毕业。这一时期，英、美等国家向我国大量倾销纺织品尚未结束，而我国当时的统治阶级又只知争权夺利，置民生建设于不顾，任凭国内纺织厂裁并、倒闭，坐视不救，尹明德欲投身于纺织工业的美好愿望依旧无法实现。

招志士深入缅境

1926年，英军悍然入侵江心坡，在当地调查户口，编制门牌，设县治于格仔，并疯狂镇压当地景颇族、傈僳族人民的反抗，打伤打死三百余人，烧毁景颇族村寨十余个。同年冬天，英国士兵分三路入侵江心坡，遭土民袭击，官兵死伤无数。英国士兵恼羞成怒，焚烧附近山寨以泄愤，并掳去山官13人。事发后，当地人民迅即赴腾冲报告。与此同时，腾冲人士组成滇缅界务研究会，开展滇缅界务现状调查、取证，以备国家研究裁夺。而英军对江心坡的侵略却始终没有停止。1927年，进入江心坡的英兵就有千余人，但江心坡人民一直在顽强抵抗，并派山官张早扎和董卡诺携木刻信物到腾冲表示江心坡是中国领土，希望中国政府派兵支援。腾冲界务研究会即派代表谢焜等人到南京向国民政府陈述边境危机，同时派代表曩映川、张藻坎、张藻辩到江心坡调查英人侵略情况。江心坡事件再次激起了全国人民的强烈愤慨，国人疾呼应速行勘界，保卫疆土，以免英人进犯云南。爱国志士也纷纷撰文力陈滇缅北界对于云南边疆的重要性。至此，滇缅北界问题的解决已刻不容缓。

1928年10月，担任南京中央军事学校军官研究班副主任的严尔艾（云南玉溪人），邀请尹明德出任该校军官研究班人事股长之职，负责研究班的人事工作。然而，江心坡事件之后的尹明德始终不忘此事，时刻关注江心坡事件及边界工作的进展。

1929年春,英国侵略者悍然入侵江心坡的事件发生后,举国震惊,民众强烈要求政府组织人员迅速勘测滇缅北段边界,以免侵略者得寸进尺,危及云南边疆。腾冲界务研究会派代表谢焜、刘绍和等人进京请愿,呈报英国人侵略江心坡、压迫当地人民的种种情形,恳请国民政府向英国人抗议。5月,云南旅京同乡会公推尹明德、周光倬等人持意见书向国民政府呼吁,希望速行勘界,切勿再做退让。滇缅北段边界问题至此达到白热化程度,国民政府深感此事关乎国家安危,刻不容缓,希望能及时与英方交涉,了结悬案。但滇缅北界偏僻荒远,无论是南京政府还是云南省政府,对于英国侵略者在当地的经营情形、土民状况以及山川详细形势均不知悉。因此,南京政府外交部遂于这一年6月设立了滇缅界务研究委员会,延聘专家;并致函云南旅京同乡会邀请熟悉界务的人士参加,以共同研究与英国交涉中缅边界问题的对策。鉴于尹明德对界务之事在编辑《新腾冲》时已初有研究,同乡会即力荐他参加研究会。

滇缅界务研究委员会成立以后,尹明德多次在界务研讨会上提出他的见解:"我认为过去清政府与英国商谈界务时,由于对边界情况不大明了,所订条约,吃亏不小。今后应先派人到边地争执地区详细调查清楚后,再提出方案与英国人交涉。"对于当时这一讨论情形,尹明德在其早年所著《云南北界勘察记》中详有记载:"惟以边徼僻远,英人情形、土民状况及山川形势,中央地方均未深悉。十八年夏,外交部遂有滇缅界务研究会之设立,明德以乡人推荐,得参末议,当以历次交涉划界,彼明我暗……,其间情形,我茫然不知,应先派员详密勘察,然后交涉,乃有把握,否则任人指划,失败堪虞。与会诸公,深然其说。"委员会经过讨论,一致认为"旧五色线图,除英人所指的紫色线我未承认外,其余蓝、黄、红、绿四线,或为石鸿韶误勘之线,或为我不明史实官员妄拟之线,原里麻长官司地,已摈诸线外,今后交涉应取消毫无根据未曾定案的旧拟线,而另定适合之线"。经过几个月的研究,委员会酌定两条边界线:"一由尖高山向西循枯门岭山顶而上,至印度阿萨密与西康交界处为止;一由尖高山向西沿迈立开江而上,至其源头与西康交界处,包有我旧属茶山、里麻、俅夷、浪速各地。"

20世纪30年代在国民政府外交部任职时的尹明德

1929年9月,云南洱源人马标(1880—1959,字锦帆)"以余籍隶腾冲、比邻片马",为《片马之考察》撰写《弁言》。尹明德"惟余对此问题,夙为究心,且亟欲知日人对此问题之评论如何,急受而读之,既竟,不觉愧惧愤慨交并,莫能释然者久之"。他在《弁言》中分析指出:"夫片马为我国西南边徼一隅之地,与日人风马牛之不相及。"日本人关注片马江心坡，实则"其带有政治的军事的及经济的最重要性之政策，肯遽然断念否乎？""其所以发此深刻之论调，以警惕其国人者，诚恐吾我收回片马，而影响动摇于彼日本所获得之满蒙权利及旅大耳"。尹明德进一步告诫国人说："彼帝国主义者，不知公理道义为何物，而惟其既得权利之保留，不惜挑唆邻邦，鼓舞国人，危言耸听，以动其侵略之欲念。"尹明德对于片马问题之深切"究心"愤然而发，他对祖国领土受人侵略和日本人的注意深感"愧惧愤慨交并"。这也进一步促使尹明德在日后的实地考察中更加地不惧途险、不畏敌强。

与此同时，尹明德制定了滇缅界务调查方案，呈报南京政府行政院并获得批准。1929年11月12日，尹明德被国民政府内政部部长赵戴文、外交部部长王廷令委派为滇缅界务调查专员，负责主持有关调查的具体工作。

尹明德被任命为滇缅界务调查专员后，深感"事关国务，工作艰巨，任大责重"。决心以对国家、对民族高度负责的态度来完成这一具有历史意义的光荣使命。接到任命后第五天，尹明德即从南京出发，取道苏州，拜访其内兄李根源先生。李根源先生于宣统二年（1910）为片马案曾亲历小江流域，深悉当地情形，著有《滇西兵要界务图注》。在与李根源进行了深入交谈之后，尹明德对滇缅界务的勘察更加有了信心，方向和方法也更加明确。随后，他到上海购办了勘察所需器具及有关图籍等必需物品，于1929年12月28日登轮继续南行，元旦抵香港，随即又乘船至法属越南海防。此行有新任云南省界务指导委员陈廷壁、杨大铸诸君同行，搭火车到达云南河口。经过海防时，海关人员翻箱倒箧，细密搜查，较新的物品都要上过境税，旅客经过此地，无不视为畏途，尹明德等人也遭此经历。1930年1月9日到达云南省会昆明，尹明德遍访各省委委员以及滇中父老耆旧，详述了中央对滇缅界务的关切以及今后要采取的办法，希望滇中父老多加指导。同时，尹明德还在昆明抄阅了有关案件及图书，详细了解滇缅边界的历史资料，又遴选了一部分测绘人员，准备一起前往滇缅北界进行实地勘察测绘。不久，率师西上的云南省主席龙云先生回昆，他听说尹明德要代表国民政府前往滇缅边界勘察，立即吩咐副官安排会见尹明德。

龙云（1884—1962），字志舟，祖籍四川金阳，生于云南昭通，彝族。父亲龙清泉病逝后，家境沦落，母亲带他回娘家，由舅父龙德源抚养，喜爱武术。后因龙云对《三字经》《百家姓》《千字文》没有兴趣，于是流浪于云南昭通与四川凉山的金沙江两岸地区，拜江湖术士马得胜为师，学得一手好拳法，颇有侠义心肠，与卢汉、邹若衡并称为"昭通三剑客"。

1912年5月，龙云等随滇军回云南，被保送至云南陆军讲武堂第四期骑兵科学习，与李根源建立起深厚的友谊。1914年12月，龙云从讲武堂毕业，被分配到昭通独立营任少尉排长。1915年底，云南掀起护国战争，龙云调任唐继尧云南都督府副官处中尉侍从副官。1916年6月，龙云被提升为禁卫军第二大队中队长、补充第一大队大队附、欻飞军副大队长，不久升任欻飞军大队长（欻飞军是唐继尧的禁卫军，此一特殊军号乃仿自汉代）。1923年3月，唐继尧、刘显世分任滇黔联军副总司令，龙云任第三军军长。10月，唐继尧编制14个军，龙云任第5军军长，改滇东镇守使。

1926年7月，广州国民政府举行北伐，无暇顾及云南，唐继尧为防尾大不掉，撤销了各军番号，任龙云为昆明镇守使，引起龙云不满。年底，云南反唐斗争高涨，昆明镇守使龙云、蒙自镇守使胡若愚、昭通镇守使张汝骥、大理镇守使李选廷四镇守使顺势上书唐继尧，提出改组省政府、靠拢广州国民政府、还政于民的建议，唐拒绝，反而更加靠拢北洋政府。1927年2月6日，四镇守使结盟发动"二六"政变，唐继尧接受胡若愚、龙云等人所提之云南省政府组织大纲，交出了云南大权。3月5日，龙云被选为云南省务委员，兼云南陆军讲武堂校长。8月13日，龙云接任第38军军长、云南省政府代理主席。1928年1月17日，国民政府任命龙云为云南省政府主席，2月7日任命其为军事委员会委员。1929年11月13日，国民政府改组云南省政府，龙云仍任主席，并兼任第13路军总指挥。

龙云会见尹明德的地点选择在位于五华山的云南省政府主席办公室会客厅。两人见面后，互致寒暄。随后，尹明德向龙主席陈述了目前滇缅北界的历史、滇缅边界问题的来龙去脉、李根源勘察滇缅边界的成果等内容，并说道："滇缅边界问题的产生，实为英人占据缅甸后，想要蚕食我西南领土之结果。然清廷国力日衰，无暇顾及边界纠纷，终酿成今日之后果。我身为一名中国人，为国土遭到外强侵犯而深感耻辱；又身为一名戍边战士的腾冲后人而感到痛苦和愧对祖先。今日受国民政府之委派，深入被英人占领之地勘察，必将竭尽全力，以详尽之资料与报告呈于政府，成为政府与英人交涉之重要证据。"

龙云主席赞许明德道："泽新兄之爱国爱乡感情，令龙某感激佩服之至。我谨代表云南全省人民向你表示最真诚的感谢！英人逞强，欺凌吾边境人民日盛，国民政府亦欲整肃边境，愧无确凿之据，又国内一片混乱，实为内忧外患之秋呀。然，泽新兄大义，不避边境自然之艰险，亦不避英人之强霸，探滇缅边界之实况，必将成为中英谈判之有力证据。"龙主席又说，"兄此行，沿途荆棘满道，奇险艰辛，吾定派员护送，并致函沿途官绅，鼎力协助泽新兄完成此伟业！"

尹明德得到了龙云主席的肯定与大力支持后，信心倍增。奔涌于体内的爱国热血，使他历尽千难万验也不做出丝毫的退却。然而，考虑到国内局势需要官兵守一方平安，他陈言谢绝了龙主席派兵护送之意。"英人在占领区对过往行人严加盘查，如带兵士前往，恐难深入。吾等此行，将乔装打扮，方能掩英人耳目。但请主席放心，吾等必不辱使命,给国人以交代!"遂与龙主席辞别。

因为此行勘察之地,尽在滇缅边界的崇山峻岭之中,那里有人迹罕至的原始森林,山高谷深,瘴毒之气常致人于死地,为此,愿意报名前往的人少之又少。在龙云主席和滇城各界人士的帮助下,尹明德最终挑选得杨斌铨等四人。这四人既对滇缅边界历史问题有所了解,又对滇缅边境有所涉足。1930年5月6日,尹明德率同遴选的勘察人员杨斌铨、张元钦、狄寿榕、王玺四员离开省城昆明,一路西行。当时全省军队大部分开赴广西,省内空虚。禄丰至楚雄一带时有盗贼出没,村落及商旅常被抢劫一空。但在各县旅团警护送下,尹明德的西行之路安然无恙。5月18日,先后平安抵达凤仪、下关。尹明德虑及滇缅北界"俅夷地"气候寒冷,恐冬季被大雪封锁,应及时前去探查。为此,他对调查采取了分组行动的策略。由杨斌铨等人组成第一调查组,调查路线从丽江经维西,逾碧罗雪山,渡潞江,达菖蒲桶,逾高黎贡山西去,探查恩梅开江、迈立开江上游"俅夷地"、坎底、浪速一带。尹明德与张元钦、狄寿榕、王玺三人于6月5日到达腾冲。随后,尹明德即在腾冲县内招募向导和调查人员,但此项工作不便大张旗鼓地开展宣传动员加之时值雨季,道路艰辛,瘴毒更加盛行,且英人对华人进出控制严格,所以,几乎没有什么人愿意前往。最终只找到几个赶马人,帮助驮运物资,顺便充当向导和缅语翻译。

一切准备妥当后,尹明德即结合滇缅北界的区域情况和遴选的工作人员特点，分组开展调查工作。

因小江流域地势较高、山岚瘴气较少，尹明德即派张元钦、王玺等人组成第二调查组，于7月2日前往我旧茶山长官司地勘察。尹明德在《片马之考察·弁言》中曾指出："英人占片马，非仅图片马一隅之侵略，实欲完成其连贯印缅，与所谓势力范围之扬子江流域，成为一气，远大之企图。"为此，英国军警只允许中国商人进入这一区域，其他人等则严加盘查，对有知识的华人则一律拒绝进入。第二调查组在历勘了派赖、茨竹、片马等处后，行至拖角（原名他戞）时，被英人发觉，拘禁了十余日，所幸未被伤害，后被二十余名英兵监解出境，于9月1日回到腾冲。

调查工作还得继续进行。在深入研究调查方案后，尹明德派王玺等人组成了第三调查组，于10月27日经八莫、勐拱北上探查野人山地；又派梁正中等人组成的第四调查组，于12月29日经古永、昔董，渡恩梅开江，探查江心坡南部；派张元钦等人组成的第五调查组，于11月8日经古永、昔董、密支那北上，渡恩梅开江，探查里麻中上部；派狄寿榕等人组成第六调查组，于11月17日自腾冲出发，经滇滩之非河、小江北上，探查恩梅开江沿岸及浪速地一带。

尹明德在所派各组人员已分头出发，并闻已到达未定界区域后，于12月19日率随员蒋恩洲、缅语译员李宗云、野人语译员蒋万春以及随从三人，于下午二时由腾冲县城出发，经来凤山东南麓、军营堆、土锅铺、镇夷关、石头山、甘蔗寨、至蔺家寨。尹明德前往北界勘察的任务不仅腾冲县人知道，英国人也有所闻，所以，沿途要隘及英人强占区域早已严加防范。为利勘察事宜，尹明德在腾冲城时仅与第一殖边督办李曰垓（1881—1944，字子畅）谈及此事，并希望他在调查人员遇到危险时给予营救。同时，尹明德针对英国军警允许中国商人进入英占区的情况，自己化装成商人，化名张向仁，随员在外均称其张老板。20日即到九保街。九保属腾冲县第一区，旧名南甸营，是前农商总长兼国务总理李根源先生的故里。第二天即到旧城。尹明德老家河西勐连村离九保街不足10公里，然而，他却因勘察工作任务重、保密性高而没有回去看望家人。此后，在从蛮线到芭蕉寨时，因山路崎岖，时有拦道抢劫者，尹明德不得不向保商队要了数名士兵来护送，这才得以安全抵达芭蕉寨。

　　以下内容大量引述尹明德《滇缅北界调查记》。

　　12月26日，尹明德一行来到八莫（古名江头城，又名新街，乾隆时名新开营，旧属蛮暮土司），他听说蛮暮新店挖获刘𫄧威远营誓众碑后，旋即赴新店寻求。因新店关庙僧人不准迁移此碑，尹明德只能提前准备好纸墨，前去做拓片。此碑长九尺，宽五尺，中镌"威远营"三个大字。碑文明确记载："大明征西将军刘𫄧筑坛誓众于此，誓曰：六慰拓开，三宣恢复，诸夷格心，永远贡赋，洗甲金沙，藏刀鬼窟，不纵不擒，南人自服。"此碑乃受誓四土司（孟养、木邦、陇川、孟密）于明万历十二年

（1584）一月十一日所立，尹明德认为此碑不仅为南中瑰宝，且与界务交涉极有关系，遂将此碑拍照，并花二日之力亲自拓下碑文六帖，以为日后交涉界务佐证，并言："此碑久置蛮墓中，终非良策，已商诸腾冲人士，拟设法运回，庶可垂永久也。"可见他用心之良苦。

12月28日至29日，王玺等人组成的第三调查组和杨斌铨等人组成的第一调查组，在历经艰辛完成调查任务后，回到腾冲县城。

12月31日，尹明德一行至缅甸第二大城市曼德勒，了解当地历史文化、政治经济、风土人情、山川地貌。曼德勒"东北隔金沙江为我孟密土司旧壤，有宝石厂，产红宝石，及玛瑙之属，明时遣内监掌之。勐密之东为木邦宣慰司，亦我旧属。再东，即我镇康孟定耿马班洪"。

1931年1月5日，抵达勐拱。探查而知：英人侵略北段未定界，强占我片马江心坡一带，其目的不仅以此为满足，实欲完成其处心积虑之两大政策。即一由印度东向经北缅横断云南以通长江上游；一由印缅北向囊括康藏青海。今正积极进行，我尤茫然不知，殊可忧也。

1月16日，抵达密支那，考察密支那大势。探查得知英人侵略夺取野人山坎底及"俅夷地"情形和经营江心坡情形。

1月17日，梁正中等人组成的第四调查组回到腾冲县城。

1月22日，尹明德一行赴德央足后返密支那。探访傅恒征缅遗址，查证了明朝王骥将军三征麓川的历史。

24日，尹明德率译员由密支那乘马车赴戛鸠。途中录李根源先生景邃堂题跋纪传公征缅事。

27日，尹明德一行由密支那至瓦宋。查允帽即湾募，与戛鸠相距不远，昔属南甸宣抚司，非里麻长官司地。

28日，由瓦宋到南允。经尹明德查证，此处居民大多由我国迁来。

29日，尹明德等人住南允。南允即大地方，过去为我属腾越厅署有粮柱，历年征收无异，英踞后遂止。

30日，由南允至新寨。据尹明德调查，新寨居民受诸葛孔明及其文化影响较深，野人山居民能边走路边纺织，与云南傣族相同。

31日，由新寨至山穹。途经勐爱营盘，昔日我外交部所拟恩梅开江蓝色线即由此处过。

2月1日，由山穹至石灰卡。清晨一时许，山穹发生较强地震，一夜受惊扰，天明时从山穹出发。得悉玉石厂老厂新厂详情。为防止被英人盘查、拘捕，将由密支那以来沿途照片、日记密交孙如山托人带回腾冲。行进越深入，英人防范与盘查亦越严厉。岔角江流域，民国二年（1913）时，滇督蔡锷曾派滇藏侦察队谭志伊等在此开采金矿，后与英军相遇，被逼撤回。

2日，由石灰卡到积赖。晨六时许，尹明德起床后，警察即多次来察看动静，并催促前往面见厅官。明德处之泰然,告以饭后即去。随队人员惊异失措,尹明德告之以警察主要是查收鸦片,没有带鸦片就无事,遂稳定了人心。如稍现张皇之状,必被拘捕。然后过玉石厂,凡华人经此地过,须每人纳税。

3日,由积赖赴罗孔、皮排。罗孔营盘,英人于清宣统二年(1910)强占后建造营房,驻兵防守。同时建筑勐爱、拖角及片马三处营盘,相为犄角。罗孔已为恩梅开江东面第一重镇,驻兵百余名。下午五时许,尹明德一行返回积赖。

4日,由积赖至朗卓。英人筑宽公路,可通汽车。查我1日茶山长官司区域,各种野人颇崇奉汉人体制,人死,亦有效汉人请阴阳家寻龙点穴,填用石砌全如汉人式样者。朗卓沿途所遇野人,因为英人戒备森严,不敢直言弃英归汉(土人称中国为汉朝或天朝),但于言谈中均暗示以此皆我华土华民,无倾心英人。以此观之,非土人之弃我,乃我置土人于不顾耳。野人常言:野人与汉人、僰夷原属弟兄三人,祖先一个。野人为老大,气力莽壮,阿公阿祖不欢喜,令其远居耕山种地防边,故野人皆居深山老林中。僰夷为老二,令其半耕半读,故僰夷多种水田,亦有知书识字者。汉人系老三,阿公阿祖最钟爱,令其在内地读书做官,故汉人皆知书识字做大官。此种传言,虽属愚妄,然亦足见其向我心理之一般。

5日,由朗卓至山心。抵朗卓山顶,回望罗孔及江心坡,隐隐犹见。山腰的岗房,现无人居住,昔日滇滩抚夷管地直至小江口项高，所有独木河诗羊石路，并之非河沿岸各夷寨，均属柴氏所管。今为英人强占而不得过问矣。又调查当地土人傈僳、浪速、怒子俅等人种生活习俗。

6日，由山心至长龙。晨七时出发即登陡峭的张家坡。此为昔日石鸿韶所勘之绿色线办、滇督与总署所谓之红色界线、云南洋务局拟让之黄色界线，皆由歪头山渡之非河，经此山而连接高良（黎）贡山北上者也。山势险峻，树木成荫，景色也内地同。午饭后，尹明德只带脚人一名溯长龙河前行。其余人等由向昌银沟行，出班瓦垭口，先回腾冲。所有沿途照片、日记亦交赶马人运回。

7日，由长龙至派赖。途经甘拜地，此乃清光绪二十六年（1900）正月十四日，腾越茨竹隘土守备左孝臣拒英人死难处也。先是英兵数百，率蒲夷千余人，越高良贡山，侵入我腾越厅属茨竹、派赖各寨。茨竹隘抚夷土守备左孝臣、派赖寨抚夷土千总杨体荣，大为愤激，集合土练土民筑棚抗拒，孝臣阵没，同时死难者，土练土民一百十四名，并烧杀茨竹派赖滚马小江各寨，伤者无数，未死余生，摧逼投顺。此为英人以兵力侵入我茶山之始，亦横蛮矣哉。

9日，冒雨由卜派赖至楼凑，人马极苦，又地震频频，地面裂痕触目惊心。

10日，冷雨凄凄中由楼凑往拖角，即我旧日之他戛。途经大寨，乃我茨竹隘抚夷左大雄辖地也。清宣统二年（1910）为英人强占，然后在民国十一年（1922）着关闭厅治。立大寨一望，其营盘厅署，全在目中。北面之小江，石鸿韶误勘绿色界线溯之而上者也。遂至新寨一腾商杂货铺，此处亦拖角范围。去年所派第二组张元钦等人，于此处被英人发觉拘捕，幸未搜出何项证据，拘禁十余日，在二十名英兵监解下由片马垭口出境。此后英人戒备愈严。尹明德等人才休息不一会儿，店主即摧离开，以免英人知悉，又加留难。他戞为英人于清宣统二年（1910）冬进占片马时所踞。是时云南讲武堂总办李根源先生奉命查办，曾乔装土人，亲历小江，露宿该地二日，并电李督经义力主以兵驱逐英军，事未果行。民国初期，英人又乘我改革内政、不遑西顾时，大肆经营，略定小江内外各寨，修治道路，并于片马、他戞、罗孔建造营房，厚置兵力，一面于滇滩班瓦垭口、明光大垭口一带，私立界桩，以作永久霸占之计。民国十一年（1922）夏，英人于他戞建设官署，称拖角厅，统治我旧茶山长官司地，即南起石峨、独木两河流间山顶与昔董分界，东南与我滇滩明光接壤，东至高黎贡山，北至厂板山及小江口项高，西至恩梅开江。并引述《明史列传》《腾越州志》《永昌府志》等文献，从历史的角度证明了他戞的历史归属。

13日，苦雨数日，一旦晴朗，神气为之一爽。翻越旧五色线图之红绿黄三线所经之歪头山。一路中遇地震不断，震状不一。有如船置波浪中左右摆动者，有如乘汽车正在进行途中遇故障而高跳者，有如吼声与雷声同时而起者，有如仅闻响声而地并不震动者，有时地面震状与地中响声相应，恰如以巨石投深涧，声响与波动同时而起者。种种奇状，生平未经。

14日，由班瓦垭口至麻栗坝。查英人私立四十一号界桩。此行出发探查，到此原可告一段落，返回腾冲，但滇滩明光各抚夷，昔日曾分管小江流域各夷寨，亦有分别查询昔日管理情形之必要，尹明德决计再经滇滩明光各抚夷所在地，详察一切，然后返回腾冲。

15日，由麻栗坝至滇滩营盘街途中，了解自民国十一年（1922）以来广益公司经营矿山的情况。

16日，尹明德等人早饭后即前往滇滩隘土弁署，抚夷柴建湘已在家等候。老抚夷三春，年八十四，耳聩神昏，言谈不能达意。阅其抄存承袭册报，历管鲁仰夷地及滇滩。各抚夷心目中，仅知某处是我辖土、某寨是我子民，自尊自大，而于厅如何开发之、统御之，则毫不请求。英人谓我不尽治理之责者，诚非过言也。又查腾冲第一名山——云峰山的历史。访第六组译员阎文明，闻知第二组狄寿榕等无恙，心始怡然如释重负。

19日，左定安拿出抄存的五府议叙，尹明德细细阅读，乃辖地极有关系之奏牍也。

此后，尹明德一行经野鸭塘至界头，过瓦甸，经凤尾乡返回腾冲城。

2月8日，张元钦等人组成第五调查组回到腾冲县城。

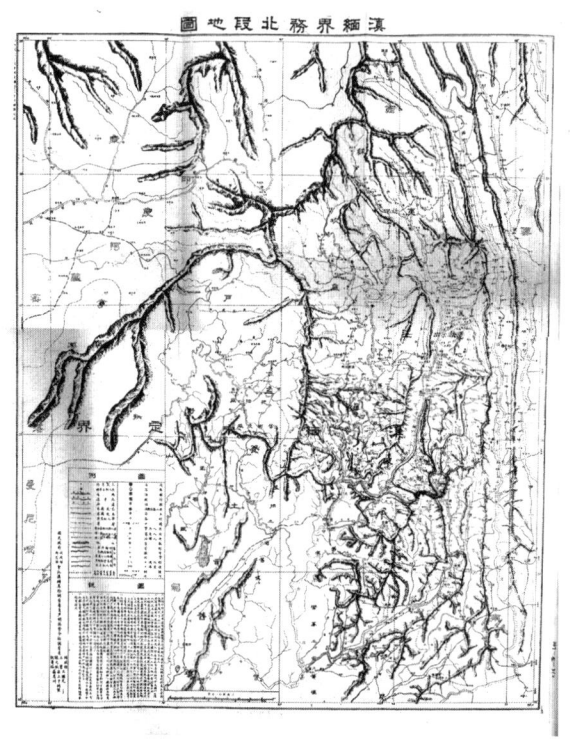

滇缅界务北段地图

2月24日，尹明德率本组调查人员顺利结束调查工作后回到腾冲县城。

3月24日，狄寿榕等人组成第六调查组在完成调查任务后也返回了腾冲县城。

自此，尹明德一行对滇缅北段界务的调查工作结束。接下来就是要整理调查资料，撰写调查报告，上报国民政府。

查民俗再证历史

前文提到，1930年12月19日，尹明德率随员蒋恩洲、缅语译员李宗云、野人语译员蒋万春以及随从三人，于下午二时由腾冲县城出发，开始本组的调查工作。俗话说，没有不透风的墙。尹明德前往北界勘察的任务不仅腾冲县人知道，英国人也有所闻，所以，沿途要隘及英人强占区域早已严加防范。因此，尹明德一行乔装成商人深入英人占领区。同时，为避开英兵盘查，他们尽可能绕开英兵把守点，从更加艰险的小路行走，先后深入八莫、曼德勒、勐拱、帕甘玉石厂、密支那、拖角等地，开展调查取证工作。

尹明德一组的调查是从位于腾南的九保街（今属德宏州梁河县）开始进入英人占领区的，最后，又从滇滩、明光、界头等腾北地区返回。也就是说，尹明德一组成员，实际上是走完了当时与腾冲交界的英人占领区。

1930年12月份，其调查取证工作主要在八莫、曼德勒一带；1931年1月份，主要在勐拱、密支那一线；2月份，主要在与腾北接壤的拖角、班瓦、麻栗坝一片。每到一处，他除了查证历史典籍的记述、区域发展历史过程、当地历史文物遗迹外，还深入了解当地民族及其民俗民风，从另一个角度证明其日后提出的"户拱—巴特开山线"内区域属于中国的历史。他指出：

北段未定界区域人种，大别之，可分为蒲蛮、浪速、茶山、小山、摆夷、栗粟、俅夷七种，蒲蛮、浪速、茶山、小山四种通称曰野人。兹将各种风土人情分述如下：

（甲）蒲蛮　蒲蛮，有写朴满或仆曼者，又称大山野人，缅语曰开钦（Kachin），土人自称曰景坡（JinghPaw），因其多居于大金沙江及更的宛江江头，又称江头人（土语Kakus）。人口最多，散布区域亦甚广，由恩梅开江以西，所有江心坡、坎底、孙布拉蚌、枯门岭及户拱一带群山，皆蒲蛮人居住，即现属英人之玉石厂、雾露河沿岸，亦皆此种人居住。统言之，所谓野人山者，即蒲蛮住居之范围也。

其人多山居，迁徙无常。屋为长方形，宽二三丈，长短依贫富而定，富者长十余丈至数十丈不等，贫者亦五六丈。以木竹构成，上覆茅草，中隔多间，门窗户壁均备，每间置火塘一，炊食、寝处皆在其内。寝具惟竹席，无茵褥，家人父子合衣卧火塘边。屋皆有楼，离地三四尺或五六尺，人居楼上，畜处楼下。性畏鬼，疾病辄祀之，不知医药，每户皆以屋一端为鬼房。生客若误由鬼房入，目为不祥，鬼必作祟，须杀牲为之祭。他一端为大门，门内置愿房一，以为其少女招引少男欢谈恋爱之所。不重处女，未婚女私与人交，不禁也，甚有男女合交育儿后，始由男家通媒迎娶者。

装束男身短衣，下或着裤，或围裙，发结于顶，以巾束之，近亦有效华、缅之剪发者。出入佩刀，身背篾箩。嗜鸦片，食法与华人异。以烟油和芭蕉叶烘干，用竹筒燃吸，名曰朵把烟。妇女上身御窄袖短衣，下身着统裙，喜以车磲、料珠为饰，耳贯银铜环或子弹式之琥珀一对。出入背篾箩一，以资载物。未嫁女子，发与额齐，长则剪去，形状与今之开通妇女所剪发式同。男女均好生嚼烟草。种植多杂粮、旱谷、稗子、小米、芝麻、薯芋、苞谷、荞、豆之属，无犁锄，准以刀砍伐树木晒干，纵火焚之，播种于地，听其自生自实，名曰刀耕火种。其法今年种此，明年种彼，依次轮植，否则地力尽而不丰收矣。家畜惟鸡、犬、豕，婚丧祀鬼则向外购牛，杀而祭之。祀毕，连毛皮人各一脔，分而烧食。此种茹毛饮血古风，尚盛行于野人山中。所居或数户一寨，或数十户一寨，寨各有长，称曰头人或山官。江心坡头人、山官，极喜我国花衣（戏衣、蟒袍之类），婚丧宴会始行穿着，炫耀间邻。其他我国之铁三脚、铁锅、矛戟、大镑银钱及布匹之类，亦甚喜用。其向慕中国之心理，在在均足表现也。

（乙）浪速　浪速又称浪宋，散居于尖高山

北之非河沿岸及高黎贡山与恩梅开江间，江心坡间亦有之，但为数极少。风土人情、住屋种植等，均与蒲蛮相仿佛。男女装束亦大略相同，惟妇人御大铜耳环或银耳环，有多至四具，而每具重至三四两者。又后衣较长，缀以花布，如花栗粟装束，然近亦多与茶山妇女装束同化。膝弯各带漆箍一束为饰，颈系车磲，有多至十数串者。余则与蒲蛮无甚差异也。此种人住居于小江以北者，性较暴，凶悍异常，外人入境，往往被害。（专员）所派第六组狄寿榕等，探查至腊埂河仰聪寨时，为所拘捕，旋以计脱逃，昼夜冒险翻高黎贡雪山而东，始免于难。

（丙）茶山 茶山强狞喜斗，散居于小江流域、之非河及恩梅开江下游沿岸。装束男子着裤者较多，穿裙者较少，妇女除短衣围裙外，腰系铜响铃一串，行步叮叮，惹人注目。其他风土人情，与蒲蛮、浪速大抵相同，无甚出入也。

（丁）小山野人 小山野人以尖高山南滇缅边界群山中为最多，尖高山以北江心坡及户拱一带亦间有之，但为数甚少。其人性情剽悍，不事生产，在我界者多以劫掠为生。其风土人情、习惯装束大略与蒲蛮同。妇女除以车磲、料珠、银泡为饰外，腰及膝弯多系篾漆箍（用藤削篾成细丝，束成大小环，以漆涂之使黑，系于腰间及腿弯），以为美观，此则与蒲蛮妇女差异之点也。

（戊）摆夷　摆夷即㭠夷，滇缅沿边较热地段皆是。其在北段未定界者，以坎底坝为最多，约千余户；其次为户拱，可数百户；江心坡南端亦有二寨，约数十户。此类性情柔懦，信佛，喜洁净，故所居多在水边。住坎底、户拱、江心坡一带者，因其接近野人之故，男子装束半与野人同化，妇女则仍短衣长裙，惟头束白包巾，此与我沿边摆夷束黑布高包巾者稍异。语言除略杂蒲蛮语外，亦与滇边摆夷所言者同。男女均嗜鸦片，食法亦如野人吸朵把烟，然此盖接近野人而为其所同化也。

（己）栗粟　栗粟以滇省沧、潞两江上游为多，其居于未定界者，散住岔角江、拉打阁、恩梅开江上游沿岸及尖高山北昌银沟、之非河一带。此类性质刚强好斗，并好渔猎。男子出入佩刀外，兼负弓弩，百步内百发百中，箭头有药者，无论人畜，射中出血即死。装束男子衣裤，与华人差仿佛，头留发辫，以巾束之。潞江沿岸者，多带小帽，妇女则御花布缀成之长衣，上身着短衣，蚆贝、车碟装饰满身。头以布一方，两端缀花线围绕之，称曰花栗粟。耳贯大银环一对，别有语言，多与华人来往，故晓汉语者较多。住房有如野人式，有长椽者，亦有加盖耳房如汉人屋式者，此则视其所住区域习染而定耳。

（庚）俅夷　俅夷又称曲子，散居于俅江（又名曲江或毒龙江、独龙江）、狄子江、狄不勒江、驼洛江及岔角江一带。性怯懦，昔颇受藏属察瓦龙及江尾栗粟骚扰，近年俅江沿岸属我范围者，仍受察蛮苛收钱粮及强卖沙盐重利盘剥之苦，大有难以聊生之慨。查俅民之于察蛮，有畏若虎狼、敬如祖宗，而察蛮之视俅民，直奴隶犬马耳。此带地广人稀，恒三五十里始得一村，每村居民，多至七八户，少或二三户不等，每户相距又或七八里、十余里不等。俅江与驼洛江下段，居民较密，每村有多至二三十户者。房屋构以竹木，上覆茅草，形式与野人同，饮食、寝处、祭鬼亦大略相同。种植无农器，刀耕火种，一如野人，所种惟荞麦、高粱、小米、苞谷、稗子、芋头之类，间产旱谷。

装束男女均系散发，前垂齐眉，后披齐肩，左右盖耳，稍长则以刀截去。女子两耳均穿，每耳或系两环，或系一环，穿以竹筒；上身穿衣，下身着裙。男子有着衣裤者，有以布一方围绕上下身者，大抵均粗陋之麻布耳。出入佩刀，背篾箩，与野人同。各江女子多有刺面部或上下唇，使成黑、蓝花纹以为美观者。不论男女，头部均喜系车碟、烧料等珠为饰。此则俅夷之风土人情也。

勘现实揭露英人

在尹明德的调查过程中，他全面掌握了英人强占、经营茶山、坎底、俅夷、浪速、野人山、户拱、江心坡等地的历史经过和经营管理的现状，为国家收复、管理英人占领区厘清了相关依据。

中英两国，自光绪二十年（1894）、二十三年（1897）两次订约，第四款载明"北纬二十五度三十五分之北一段边界，俟将来查明该处情形稍详，两国再定界线"之明文后，英即派员抚绥野夷，探查测量，山岭水涯，无不详悉，且高瞻远瞩，主张以潞江及恩梅开江分水岭高黎贡山为界，我国则毫无其事，不闻不问。

光绪二十四年（1898），英公使于六月、十月两次照会我总理衙门云："请转饬地方官，于恩买卡河（即恩梅开江）与萨尔温江（即潞江）中间之分水岭西境，不得有干预地方官治理之举。"当时我国既不知所指分水岭为何山，默不驳诘，亦不派员详查。

光绪二十六年（1900年）正月十四日，英人率兵深入边地，烧毁腾越厅属茨竹、派赖、滚马各寨，击毙我土守备左孝臣并土练土民一百十余名后，京省政府始知英人深入我界，任意横行，内外哗然。总署乃据滇督电称，照诘英使，略谓"茨竹各寨系中国世袭土弁管辖之地，以滇缅交界处之小江为界，英兵不应过界烧杀，请饬仍守现管小江边为界"等语。此照会不仅不能遏止英人野心，且将我里麻长官司及勐养宣慰司所属各地挥之界外,并伏日后石鸿韶误勘隐患,北界纠纷皆缘此起。

光绪三十年(1904)九月十九日,英使照会外部,请彼此派员由华境前往分水岭会查情形,以便和平商结。是年冬,遂派腾越道尹石鸿韶与英领列敦会同勘界,不意石鸿韶因遵守总署"现管小江边"一语之误,将我滇滩抚夷柴弁世袭所管之黄铁、骂章、郎卓、茅贡一带及明光隘抚夷左弁所管之小江北噬戛、官寨、龙蚌、干坤、独末各寨,或谓英人已办过案,不复管理,或谓久在化外,不复过问,一举而挥之境外。

英领列敦则循彼一贯之主张,由尖高山起,过狼牙山、磨石河头、班瓦垭口、姊妹山大垭口、茨竹垭口、分水岭垭口、片马垭口,沿高黎贡山而上,凡水归龙江、潞江者,概归滇管,凡水归大金沙江者,概归缅管。此为五色线图之紫色线。石道以照此划分,则片马、岗房、渔洞、茨竹、派赖各寨,均归缅有,力与辩争,并调验明光杨、左两抚夷所管各寨承袭札符以为证据。列领仅允愿由缅政府出印洋四千元交与华官,转发各土弁,作为补偿,并谓缅政府愿出印洋一千五百元,援照勐卯三角地成案,永租该地。石鸿韶未允,旋于会勘图中双方盖印,并注明彼此无划定之权。

宣统二年(1910),英人统兵进占片马,侵略小江流域我土弁世袭所管之地,我唯电文空驰,令人退兵,亦无他法也。

宣统二年，保山县属登埂土司赴片马各寨收杉板税，与头人伍嘉源、徐麟祥等相冲突，烧毁民房。伍、徐等递察投缅，谓片马各寨在高黎贡分水岭西，应归缅甸管辖。英人遂投其机，声称片马各寨在高黎贡分水岭西，应归缅领，驻腾英领事遂亲赴片马勘定一切。是年12月3日，英兵两千、军马千余头，实行强占片马，扎营于上片马，威胁土人，迫其投降，宣言高黎贡山以西均为英领。

时云南总督李经羲饬保山县将伍、徐等缉获监禁，并电请外部照会英使，谓土司与土民冲突之事，应由中国地方官办理，英人不得过问。英使照复，仍坚执高黎贡分水岭为界。是时，舆论沸腾，内外滇人纷纷呼吁，并在云南咨议局组织保安会，要求英人撤兵，李经羲并派讲武堂总办李根源于是年冬密往察勘，相机办理。李根源乔装土人，亲历小江流域，电呈李督办法三项。上策：进兵驱逐，愿负全责；中策：两国派遣大员勘定界务，我唯持定外部原定恩梅开江蓝色界线为据，不能退让一步；下策：由外部要求先退兵，后勘界。李经羲卒用下策，报由北京政府，使驻英公使刘玉麟与英国外务部交涉。英国外务部以本非占领，断无撤兵之理由，严词拒绝。李经羲复电请自与英人划界，英人均不承认。适值辛亥光复，我方遂不暇过问。自此以后，英人愈出积极之行动，窃立界桩，强征户税，凡小江流域之茶山、浪速夷寨，均被其强占。

民国元年（1912）初，英人统率大兵，由密支那（Mritkyina）溯迈立开江西岸而上，掠取各野人山寨，直达坎底

（Hkamti）。英人在强占区域内，除于片马设立营房、驻扎重兵外，复相度地势，于他戛、罗孔造营房，运粮运械，存贮甚多，并于滇滩班瓦垭口及明光大垭口一带，私立界桩，修筑由密支那通他戛、片马大路。英人以我土弁历年所管之地，尚无力与抗，则其他之较远者，更无力与争，适值我推翻专制，改革内政，不暇西顾。云南政府咨请北京外交部向英使严重交涉，英人置之不理，自后英人进行愈力，侵略愈猛。

民国二年（1913）秋，英人复率兵循恩梅开江而上，侵略槀门、拉打阁，直上俅夷地。

民国三年（1914），英人以密支那北迈立开江与枯门岭间野人山地及坎底俅夷一带经营就绪，辟为府治，名曰葡萄（Putao）府，设府署于坎底，以为向北侵略康藏之根据。下置葡萄、拱路（Konglu）、孙布拉蚌（Sumprabum）三厅，抚绥土民，收派门户，开平道路，分布重兵，广设驿站（又名官站，每十英里择地建筑房屋数椽，以备公务人员来往宿住）。高黎贡山与恩梅开江间，一面由拖角顺小江北侵，一面由拱路经阔劳铺南下，连成一气，其马路由坎底经拱路直达岔角江源头高黎贡山脚。

民国十一年（1922）二月太平洋会议，我全国只注意青岛一隅之争执，而于此关系极大之重要边务问题，反寂寂无声，默不一言。英国乃于是年夏起而再占片马，设置坚固营舍，并于他戛建设官署，称曰拖角厅。南起石峨河北山顶与昔董分界处，西摒恩梅开江，北至小江口项高及板厂山，东抵高黎贡山片马垭口，东南至滇滩班瓦垭口及明光大垭口、茨竹垭口，凡小江、之非河流域茶山、浪速等夷寨，均归拖角厅治理。又于扒拉大山东南罗孔（又名牛穷）及石峨、独木二河间山顶勐爱建立营盘，厚备兵力，相为犄角，并平治道路，遍建驿站，强征门户。

民国十三年（1924），英人率兵数百、驮马数千，开始经营印缅陆路交通必经之地的户拱（Hukawng）。文武官员率兵而入，勘察路线，修治桥梁、道路，年年如是。迄本年（民国二十年）春，汽车路已由勐拱（Mogaung）经甘板厅（Kamaing）修至丁格林（Tingring），计长二十六英里。由丁格林至勐缓二十英里，预定两年修通。此路通后，再向西北修筑，接连印度阿萨密东南进展火车道，则印缅陆路打通，连成一气，而呼应极灵，将愈东向肆其帝国主义侵略之野心，而虎视我滇、康矣。今于户拱各地虽尚未收派门户，然已于勐缓预备设置厅署，一候汽车路修通勐缓，即行实现。

英人占小江流域及坎底一带后，即欲经营江心坡。是年冬，英人即大举侵略，三路进兵：一由孙布拉蚌林麻进，一由崩弄蚌排通进，一由荡薤两江交口渡归叨进。各率兵数百，驮马数千，载粮秣、兵器分头并进。十六年（1927）春，由交口进者入内数日程，土人出其不备，伏山中袭击，死英兵官瓦昔一人、士兵数人。英人大怒，除焚烧附近山寨以泄愤外，并捕去土民十三人，系之狱中。时密支那府官名巴那，人颇有为，将升任直耿道矣，因兵官瓦昔之死，英政府责以疏于防范撤职，其继任者为格落司，愈肆其凶焰，侵略愈烈。土人以江心坡本属汉地，世为汉人子孙，一旦受英人摧残压迫，莫不痛恨切齿。乃于十七年（1928）秋，派代表董卡诺、张早札二人携木刻信物来腾冲，请求腾越道尹声援。腾冲人士因有界务研究会之组织，乃派代表谢焜、刘绍和、周从康赴京请愿，此江心坡问题遂尔轰腾报章，为国人注目矣。英人睹此情形，侵略愈力，往昔华人小贩尚可自由出入，自此问题轰传后，英人即严加封禁，任何华人不许出入。

英人既为世界潮流所遏阻，不得逞志于康藏，年耗巨款，亦殊不赀，且复别有所图，经营户拱、江心坡等地，乃于民国十五年（1926）废葡萄府，撤拱路厅，将葡萄、孙布拉蚌两厅改辖于密支那府。至其路政、营垒及军事上之布置，仍竭力进行，毫不放松。今葡萄厅辖地，东南至板厂山小江口，北与所强占拖角厅分界，南至江心坡北端，西南至恩西河与孙布拉蚌交界，北接西康，东北至当担力卡山及球江下部木刻夏，东至高黎贡山，范围颇宽。孙布拉蚌厅范围较小，东起迈立开江，西迄枯门岭，北至恩西河，南至德央河。两厅于辖境内除浪速地尚未收派门户外，其余每户年收门户印洋一元。

尹明德经过深入仔细的调查后发现，英人对占领区的管控也日益加强。具体表现在以下几个方面：

一是私立界桩。英人于北段未定界内，私立界桩计十六棵。由尖高山已定界桩三十九号起,经狼牙山为四十号桩,磨石河头为四十一号桩,班瓦垭口为四十二号桩,循姊妹山大垭口为四十三号桩,茨竹垭口为四十四号桩,分水岭垭口为四十五号桩,高黎贡山片马垭口为四十六号桩。英厅官每年亲自到各桩察视两次,警察月来察视一次。由片马垭口沿高黎贡山北上计九棵,分布于大坝地河之八鹅科垭口、板厂山、将恶多垭口、萨拉垭口与四皮爱末、理完山顶并果已、施可、自达各垭口,系垒石而成,中插木桩一株,上部刻成剑头形,并无号码。由自达垭口以上,尚无英人私立界桩。

二是加强政治管控。英人对占领区以密支那府为重心,下设七厅,除密支那、昔董、勐拱、甘板四厅为已定界区域毋须置疑外,其所强占而窃设之拖角(Htawgaw,即他戛)、葡萄(Putao,即坎底,英人又称Fort hertz)、孙布拉蚌(SumPra bum)三厅,各置厅官一人,月薪由印洋三百元起至千余元(英政府对于边官,苟不误事违法恒数十年不易其位,唯优给薪俸,故厅官薪俸有增至千七八百元者,府官则由一千五百元起至二千五六百元),下置山官二人、警察十余人,助理一切。山官月薪印洋百元,警察月给工资二十余元,各山寨复酌设头人,约束夷众,月薪由十余元至五六十元。厅官系英人充任,其余路政、电局人员多为印人,山官、警察、头人概系野人,每厅官设华夷通司一员或二员。厅官、山官出外游巡,每日行至七英里以上之路程,皆有旅费,除兵夫驮马一切开费外，厅官个人每日得旅费印洋十元至十五六元，山官得旅费三元，如在一地停留至七日以上，即无旅费。每至冬季，各厅官皆在辖境内按村巡察（有私立界桩处，并亲自到界桩察视），征收门户，省问民间疾苦，联络人民感情，故一切政令推行，毫无阻碍。英政府之待遇边官，固属优异，而持法亦极严，苟稍有违法贪墨情事，立即撤惩不贷，故上至厅官，下至警察、头人，勿敢舞弊受贿，以身试法者。以视我边地行政官员所得俸给，既不足以养廉，而病民害国之政处处皆是者，诚不可同日而语矣。户拱、江心坡两部，均将另辟厅治，恐亦为期匪遥也。

三是加强军事管制。英人分配于密支那府兵力，约步兵两团，骑、炮兵各一连。其配备于未定界者，拖角厅属设营盘四座：1.片马，驻兵额五六十名；2.拖角，驻兵额七八十名；3.罗孔（Laukhaung），驻兵额七十余名；4.孟爱（Mangai），驻兵额四五十名。以上四营盘，共计驻兵二百五六十名，冬季并于之非河口石灰卡驻兵二三十名防堵。

出入江心坡要路，由密支那北上至坎底一带，沿途置营盘五座：1.木梳足（Msopozup），距密支那四十二英里，常驻兵额三十人至五十人；2.崩弄蚌（Punlumbum），距密支那一百英里，常驻兵额七十五人；3.孙布拉蚌，距密支那一百三十五英里，常驻兵额一百三十人；4.金揽蚌（Chinzgnanga），距密支那一百六十英里，常驻兵额三十人至五十人；5. 坎底，距密支那二百十四英里，常驻兵额七十人，并有炮台。以上五处，共驻兵额三百五十名。每届冬季，游巡江心坡者二营（分两路游巡，无一定驻扎地点），入驻户拱、勐缓者百余名，皆春季退出。

其各处驻防军队，连长以上官佐概系英人，排长以上至士兵，多戈拉人及戈尔卡人或野人，究中以戈尔卡人为多。各驻防军随时调换，无固定区域，所用枪支全属五子套筒。士兵薪饷较我国为优，三等兵月给印洋二十五元，每加一级增五元。此外密支那、昔董（Sadon，英人称Fort harrison）、泽勒苦（Senimku）、湾暮（即允冒）、甘板，均驻相当兵力，以资策应。

由昔董厅向南与滇省邻接缅甸沿边之昔马拱（Sima，英人称Fort morton）、拿坡（Nahpaw）、邦拉（Bumra，距八莫五十余英里）、爱路坪（AlawPum，经茅草地至八莫四十九英里）、董洪（Tunhong，距八莫三十四英里）、芭蕉寨、瓦拉蚌（warabum，距精弄厅二十四英里，距八莫四十八英里）、虎踞（lweje，距八莫四十八英里），各地皆有营盘、要塞、炮台，驻扎国防军队。我则于国防毫不置意，除腾冲、干崖之蛮线及古永有少数类似军队之保商队外，直无‧兵，一旦有警，何所抵御。

四是加强交通经营。英人侵略各地，必先之以测量，继之以各种交通工事，盖路途平坦，交通便利，人马畅行，消息灵通，然后粮秣接济，军事运输，方无掣肘，乃可以畅所欲为也。英人侵略北段未定界区域，以密支那为根据地，其交通路线亦以密支那为总汇。兹分路政、邮电两项叙述如下：

（甲）路政 英人路政，无论已定界、未定界内，均极注意，年设专官，拨的款专司办理。查由密支那至坎底二百四十英里，为一干道。孙布拉蚌至密支那一段，长一百三十五英里，修筑八尺以上之汽车道。孙布拉蚌至坎底长九十余英里，修筑六尺至八尺宽之马行道。由坎底至木里江源，木里肯至驼洛江源，查肯图至球江下部木刻戛，及由坎底东向经拱路至高黎贡山脚倪道底各路，皆修筑六尺左右宽之马行道二由迈立开江荡薤渡归叨，及由孙布拉蚌东向渡林麻人江心坡各路，数年以来，积极修筑，人马均可畅行无阻。又由密支那隔大金沙江之湾募（即允冒）起，经罗孔、拖角至片马，为一干道。由湾募至泽勒苦营盘长三十一英里，修筑八尺以上之汽车道。由泽勒苦营盘至片马营盘长一百二十三英里，修筑六尺至八尺宽之马行道。由泽勒苦沿恩梅开江边至之非河石灰卡一段，长四十九英里，路甚平坦，稍加修理，桥梁加宽，汽车亦不难于通行。此外由罗孔、拖角、片马北至小江口项高，及岗房南至昌银沟、班瓦垭口、大垭口、茨竹垭口、分水岭垭口，与腾冲滇滩、明光接壤各路，皆修筑四尺至六尺宽之支路，人马均可通行。又由湾募东向，经渔蚌、昔董、俄穷、甘稗地、高仑坪三十七号界桩处为一道，修筑六尺至八尺宽之马行道，此道东接腾冲古永，为由腾通密支那大道。

所有干道、支路，沿途每十英里处均设驿站（又名官站），以备来往公务人员歇宿。各路每届冬季，概行修理一次，先雇工将路旁丈许之茅草荆棘割除净尽，然后分段责成邻近村寨修筑。干道每英里除桥梁外，给修筑费印洋十五六元至二十元，支路十元至十五六元，每年此项路政支出，颇属不菲。

其密支那与瓦城、仰光间之联络，陆路则火车直达，可朝发而夕至，水路则大金沙江火轮，昼夜皆可航行，所谓据水陆交通之要冲，而为缅甸北方之重镇者，密支那有焉。由密支那西南至勐拱三十七英里，有火车可资交通。由勐拱西至甘板二十五英里，有平坦之汽车路，往来利便。由甘板前进再分二道：一西去玉石厂四十余英里，除汽车已通至十三英里之南鸦外，余为平坦之马行道；一北走户拱、勐缓五十余英里，则正在修筑汽车道，已修通三十七英里丁格林地方，预定再经两年修通勐缓。此路通后，再向西北修筑至他戈戛，与阿萨密、列多展进之火车道联络，而完成数十年来英人所企图之印、缅陆路交通。此印、缅陆路交通大计划完成，则一切运输直接以火车由印度输送户拱，转运北缅，无须经孟加拉海湾、仰光、瓦城长途之转运，彼时不仅给英人以侵略北段未定界之种种利便，恐将进而咄咄逼人，觊觎我滇、川、康各属矣。

此外英人于交通尤有可惊之计划，即建筑大金沙江（又名伊洛瓦底江）大桥，以联络南北两段火车路是也。英人在缅甸建筑纵贯铁道，南起仰光，北抵密支那，计长七百二十四英里，唯南段行至瓦城附近之阿马拉普拉（Amarapura），北段行至直耿（Sagaing），中隔大金沙江，未能飞渡，恰如吾国之江苏下关与浦口中隔长江。然英国陆军部派某高级军官来缅甸考察军事，谓南北运输铁路干道中隔大江，以小轮联运颇为迟滞费力，万一北缅有军事行动，欲于顷刻间集中兵力，不几误大事耶，非造大桥将南北两铁路连成一气，不足以谋将来北缅军事上之发展。归告英政府当局，深然其说，即将建桥，工程包与美人承造，已动工三年矣。所谓谋将来北缅军事上之发展者，其目标何在？非指我滇、川、康各省而言耶？英人国民性虑深谋远，沉默不露，其侵谋人国之计划，往往数十年后而使人始觉，殊可惧也。

（乙）邮电　英人于未定界军队驻扎之地，皆有邮政、电话、电报及日光报（俗称闪镜子），以通消息，而资联络。电话、电报共用电线一根，规定夜间使用电话，日间使用电报，以免冲突。万一电线损坏不能使用时，则以日光报传达消息（日光报日间利用阳光，夜间利用火光）。由密支那北上至坎底，中经木梳足、崩弄蚌、孙布拉蚌、金揽蚌各营盘，及由密支那东向至片马，中经泽勒苦、勐爱、罗孔、拖角各营盘要塞，皆有同样邮政、电话、电报、日光报之设备，一旦有警，顷刻间沿途传递而达密支那矣。邮信较为迟滞，由坎底至密支那者，每七日发信一次，约二十日可达；由片马至密支那者，每三日发信一次，七日可达。邮信、电报，商民均可寄拍，电话、日光报唯军事上及公务员使用。此外由勐拱至甘板，邮政、电报、电话均有；由甘板至户拱、勐缓，则仅有电报、电话。此英人于未定界设置邮电之大概情形也。

五是加强殖民教育。英政府于缅甸殖民地教育亦尚注意，所办学校共分十六级，由初级（First standard）至四级，如我国之国民小学；由五级至七级称Middle school，如我国之初级中学；由八级至十级称High school，如我国之高级中学；由十一级至十四级分科学习，称College，如我国之专门学校；由十五级至十六级称university，如我国之大学。全缅有大学一校，设于仰光；

专门学校两校，分设于仰光、瓦城。但大学专门，仅有近于文科及医学之专门，鲜有理科、实业之类。高级中学约十校，初级至七级学校则甚多。密支那设有由初级至十级学校一所，学生约五百人。由初级起，不论缅人、印人、华人，每生月纳学费印洋一元，递年增加，至六七级时，每生月纳学费三元半。在云南与缅甸边界及未定界野人较多之地，多设由一级至四级或至七级学校，教野人儿童以英文、缅文、蒲蛮语三种文字，在一级至四级加授算术，五级至七级加授历史、地理。

蒲蛮语即大山野人语言，因野人山一带所住野人以蒲蛮为多，故其语言亦较普遍。在缅甸英、美教士，欲以英文字母编成蒲蛮语言，开发野人知识，以便宣传教义，纷纷研究。追十年前美教士名汉孙（O.Hanson）者，研究始告成功，编定教科书，先于教会学校内试行教授。十年以来，多数野人已能用蒲蛮语通信，并阅览此类出版物，而大著成效矣。英政府于滇缅沿边所办野人学校，皆采用此种教本，教授野人儿童，不收学费。毕业出校后，由政府量予录用，使之充任警察、山官或担任教员之职。邻边野人颇为所感，都踊跃送子女入校肄业。今小江流域拖角、干坤、岗房、王克河，上下片马各地及石灰卡，皆设由一级至四级之小学校，专门教授野人课程，以英文、缅文、蒲蛮语三种为主，兼授算术。毕业后有能升学者，往密支那人府立较高级之学校。坎底设有一级至七级学校一所，课程亦以英文、缅文、蒲蛮语三种为主，此外算术、地理、历史之类，亦酌量教授。野人最信鬼，十年以来，经英、美教士宣传教育，打破其旧迷信，而入耶稣教者已不少矣。

在经历了近三个月的调查后，1931年3月24日，尹明德及随同人员回到腾冲。尹明德率同调查测量人员，以披荆斩棘之气概、机密谨慎和实事求是的态度，置个人生命安危于不顾，多次进入片马、江心坡一带，终于调查清楚了英帝国主义历年在北段未定界侵略的经过及其在北界的政治、军事、交通、教育等各项设施情况，取得了大量的第一手资料。其行程及工作的艰苦，正如《云南北界勘察记》所述"以英人严密防范……并气候寒热毒厉之故，途次迭经险阻，有被英人拘捕搜查者……有严冬逾高黎贡山行冰雪中几葬身雪窖者，有盛暑冒雨奔驰穷山中与瘴毒为缘几病死亡者……"幸得全体调查测量人员的机智勇敢和坚忍不拔之精神，以及当地各族人民的密切合作，才得多次化险为夷，"完成任务，各庆生还"。"明德与各组人员行踪所至，随有记载。或为英人经营情实，或为旅程状况，或为夷地风土，或为历史掌故，要皆与边务有关。爰为整理，呈之政府，以为交涉之据。"回来后随即综合分析大量调查资料，绘制地图，编写报告。整理所得，有《滇缅界务交涉史》一册、《滇缅界务北段调查报告》（书名由腾冲第一殖边督办李曰垓所题）一册、《云南北界勘察记》八卷、《天南片羽》一册以及北界五十万分之一详图一幅、一百三十万分之一略图一幅。尹明德及所

云南北界勘察记封面

率调查人员如此深入到中缅未定界区域进行科学、系统的勘察工作，尚属首次，为我国日后顺利地解决国际事务，留下了富有价值的历史资料。其中《云南北段勘察记》后来被李根源收入《永昌府文征》中，李根源在序中写道："《徐霞客游记》、尹明德《云南北界勘察记》，皆亲历其地，极翔实之作。"

在调查报告中，尹明德认为：北界枯门岭西面的户拱，系元代蒙光路（清朝时称为孟拱）的一部分，英国占据缅甸后三十多年之久，始于1924年前往侵略，可知此地从前并不属于缅甸，因此中国有争回此地的理由，建议未定界线应向西延展至印度边境巴特开山，把户拱包括在未定界范围内，这就是"户拱—巴特开山线"，又称"尹明德建议线"。

尹明德《滇缅界务北段调查报告》书封（贾志伟提供）

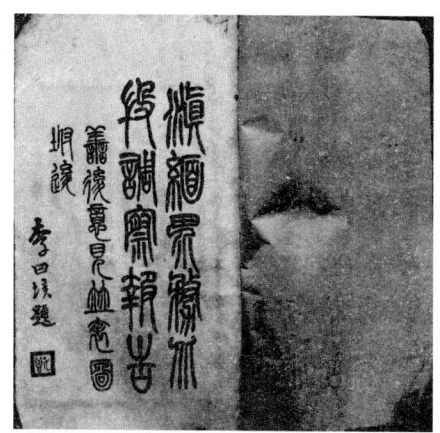

尹明德《滇缅界务北段调查报告》扉页的李曰垓题签（贾志伟提供）

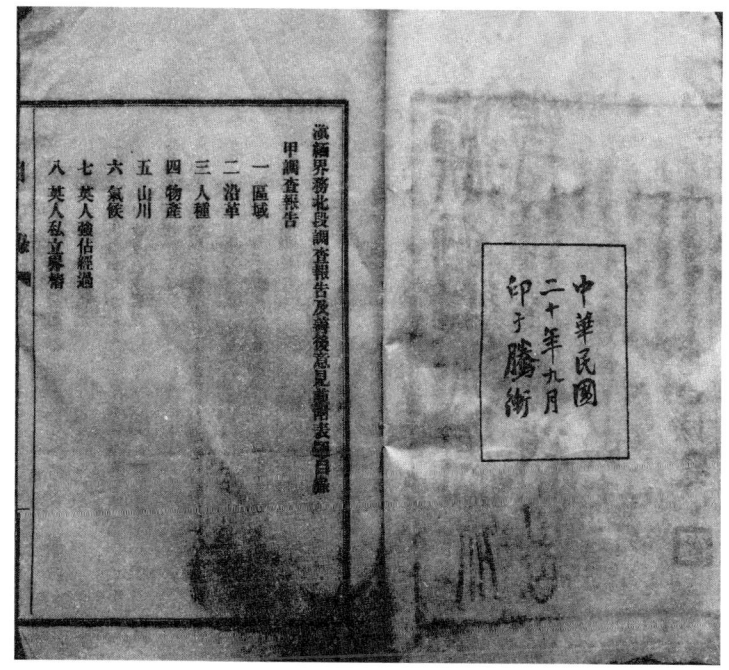

尹明德《滇缅界务北段调查报告》版次及目录（贾志伟提供）

滇缅北段未定界，在清末中英两国订约仅止于北纬25°35′的尖高山，尖高山以北并未正式交涉划界。然而民国年间我国印行的地图，在尖高山以北区域却赫然划上了边界线，或以高黎贡山为界，或以恩梅开江为界。更为荒谬的是，当时我国交通部印行的《民国九年中华邮政舆图》及《中国邮政区舆图》所绘的滇缅边界，竟按英国所谓的生物学家戴维斯所编《云南地图》绘制，将我国的上帕、知子罗两行政区及潞江划入缅甸版图内。尹明德深忧"日后交涉时，英人持谬误地图来相责问，我将何辞以答？作何解说？"鉴于此，他建议中央迅速通令全国将我国出版地图关于滇缅北段未定界界线一律改正，并提供了自己经实地勘察后拟定的"户拱—巴特开山线"。此线由北纬25°35′尖高山起，循石峨河向西，沿恩梅开江顺流而下至迈立开江交汇处，再向西经盘乐，循户拱南界至拿夏部落及曼尼坡与阿萨密交界处，然后沿户拱、坎底与阿萨密分界的巴持开山、龙岗多山直上西康与阿萨密交界处。此线将户拱、坎底、野人山、江心坡、俅夷、浪速、茶山各地包括在内。

当时尹明德认为英国是强国，中国是弱国，要想在北界高黎贡山西面把中国曾经管理过的地方从英国人手中争回，殊非易事，不如把未定界的范围划大，和英国交涉时如果得不到适当的解决，最后只有把整个北段未定界地区作为缓冲地带，防止英人企图再向北侵入康藏。这是一个高瞻远瞩的建议，对防止中国领土被英人进一步占领是十分重要的。

再入缅南界勘测

英国对中国领土的觊觎,并没有因占领我"户拱—巴特开山线"以北地区而停止。就在尹明德滇缅北段的勘察工作告一段落时,南段的界务问题又随着英国人的不断入侵而日趋紧张起来。

英国完全占领缅甸以后,即不断向云南方向扩张。在1894年签订的《续议滇缅界务商务条款》,对阿佤山区的中缅边界做了规定。其第三条说:"……由此循英国所属之琐麦与中国所属之孟定分界处之江而行。仍随此两地土人所熟识之界线,至界线离此江登山处;以萨尔温江及湄江(即澜沧江)之支江水分流处为界线,约自格林尼治东经99°(北京西经17°30′)、北纬23°20′,约至格林尼治东经99°40′(北京西经16°50′)、北纬23°,将耿马、猛董、猛角归中国。在格林尼治东经99°40′(北京西经16°50′)、北纬23°处,边界线即上一高山岭,此山名公明山,循山岭向南而行,约至格林尼治东经99°30′(北京西经17°)、北纬22°30′,以镇边厅地方归中国。然后其线由山之西斜坡而下至南卡江,即顺南卡江而行,约过纬度十分之路,以勐连归中国,勐仑归英国。……"

1897年签订的《中缅条约附款》,虽然做了有利于英缅当局的修订,英国从中国手中夺去了科干等地,然而阿佤山的边界线,仍然维持了1894年的条约。

从1899年到1900年,中英双方对中缅界务南段进行会勘。约文本身的矛盾在会勘中暴露了出来,双方进行了激烈的争吵。结果,先后提出红、黄、蓝、绿、紫五条分界线。英国代表斯格德提出了两条线,一条是红色线(自拟线),另一条是绿色线(拟让线)。中国代表刘万胜、陈灿也提出了两条线,一条是黄色线(根据驻英公使薛福成的草图为依据的拟划线)和蓝色线(拟让线)。清政府外务部也拟出了一条界线为紫色线(部示线)。这"五色线图",因为差别较大,未能达成任何协议,这样中缅边界"南段未定界"遂被拖延了下来。

1929年云南聘请美国工程师卓白氏入班洪勘探,回国将勘探报告发表于美国地学杂志后,班洪丰饶的矿产引起了英国人的注意。

班洪地区的炉房盛产银矿。清初,吴尚贤曾在这里开设茂隆银厂,年产纯银13万两。英国"缅甸有限公司"总工程师伍波朗,曾潜入炉房探察,并以每驮英洋10元的重价收购炉房矿渣。经过化验,炉房矿渣含银高。伍波朗为达到夺取炉房银矿的目的,用金钱物质收买边境头人班弄的马美廷(回族)、永邦的小麻哈(佤族)、户板的宋钟福(汉族),由这3人出面与伍波朗签订了一个"开办炉房银矿办法"。条约签订后,伍波朗唆使小麻哈等人以重礼引诱班洪、班老部落首领参加开矿活动,遭到严词拒绝。班洪等部落首领表示坚决反对英人侵地盗矿,并准备武力反抗。英国侵略者眼见到手的利益将化为乌有，遂与小麻哈、马美廷、宋钟福等人策划，准备以武力攻占炉房，掠夺整个矿区。

1934年1月20日，英军以正规军250人为先头部队，自户板开出，经过勐混、班孔、班谷，占据户算、南大、金厂、炉房等地，构筑工事，建筑营房。接着，英军2000人入侵班洪，强行督工采掘矿砂，运往老银厂冶炼。班洪王痛愤英人无端侵略，遂召集佤兵千余，保护矿厂，以拒英兵。

班洪王一面召集民团准备战斗，一面派人分头到绍兴、新地方、公鸡、塔田、官中、蛮国、嘎喜、莫刊、弄垮、敢色、班老、永邦等部落送信，召集17王开会，统一抗英行动。诸王会议发出了《告祖国同胞书》及致《中英会勘滇缅南段界务委员会主席伊斯兰先生》的信，并盟誓说：为了保卫祖国领土，"宁血流成河，断不做英帝国之奴隶；即剩一枪一弩、一妇一孺，头颅可碎，此心不渝"；"佧佤山（今称阿佤山）地与中国为一体，不能分割"。佤族同胞的爱国呼吁，引起各方面的强烈反应。

此后，李占贤在云南第二殖边督办杨益谦的资助下，组建了"西南边防民众义勇军"。李占贤自任总指挥官，苏右卿为指挥官。指挥部下设参谋、政治、秘书、军需、军医、副官等6处，分编5个大队，共有兵员约2000人。

5月25日，义勇军得到班洪王和班洪地区各族人民的热烈欢迎，进驻班洪。5月30日拂晓，义勇军对英国侵略者的全面反击开始。于6月6日夺取了炉房。随后，战争中有胜有负，然而终于将英国侵略者赶出了班洪地区。这就是历史上有名的"班洪事件"。

"班洪事件"体现了中国各族边民为捍卫祖国领土的不可屈服的精神。这一事件的发生，也使中英双方都感到解决中缅南段未定界的迫切性。1935年2月，尹明德被聘为南京政府外交部条约委员会顾问，参与研究处理滇缅南段界务问题。

国民政府中英会勘滇缅南段界务委员会于7月成立。根据中英双方商订的任务大纲，由中英两国各派委员二人，由国际联合会行政院主席指派中立国委员一人为中立委员，任委员会主席（瑞士伊士林任中立委员，曾任伊拉克与叙利亚调查及划界委员会主席）。委员会的职责有两项：一是实地查明1897年条约第三条中第三、第四两节规定的界线，并将其绘于地图上；二是将实地勘察情形与条约规定的界线相对证，将局部修改的问题（即政治区域修改线）报告各级政府，留待考量。

在此期间，尹明德于当年7月正式出版了《天南片羽》一书。书名由时任国民政府监察院院长的于右任（原名伯循）所题。中华民国考试院院长戴季陶（原名良弼，字选堂，号天仇，后改名传贤，字季陶）为之书序。他在序言中充分肯定了此书的价值和尹明德勘界的精勤。"尹君明德以滇人调查滇缅界务，踪迹所至，随

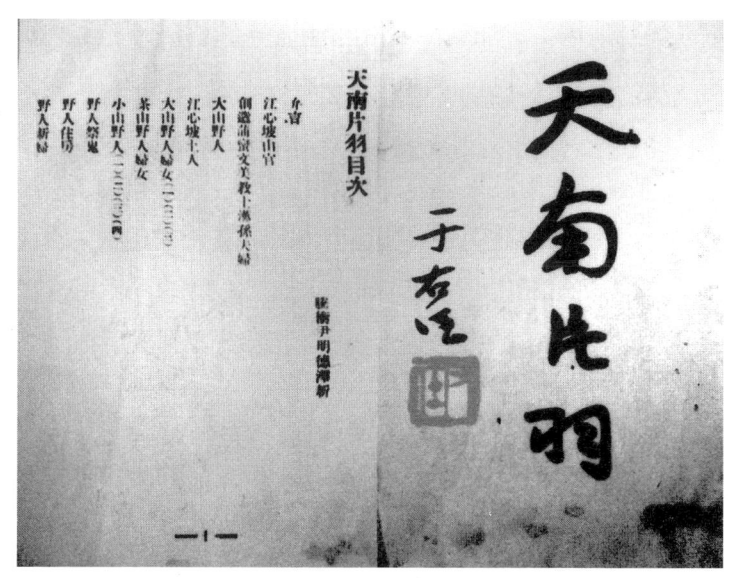

《天南片羽》封面与目次

在摄影并记以文字，汇编成帙，问世不独，可资卧游。而国家如何施治设教，以丕变其榛莽之风亦于是乎，在尹君之精勤可感也。"全书共载尹明德在滇缅边境勘察过程中所拍摄的照片64幅，内容"或关人种风俗，或系关隘古迹"，全面真实地记载了野人山、江心坡一带的地理地貌、山川河流、风土人情、建筑格局、道路桥梁、历史遗迹和英人管制情况。该书每幅照片下面都配以文字说明，简述相关历史、基本情况和画面内容。这是尹明德勘察滇缅北界的又一重要成果，也是日后中缅划界的重要佐证。

9月，因为尹明德前期对滇缅北界勘察的经验和所取得的成果，以及他对待滇缅界务的实干精神和不惧艰险的忘我精神，尹明德和铁道部参事梁宇皋被任命为中国勘界委员前往滇缅南段未定界进行勘察。又一段艰难的历程开始之前，尹明德照例先对滇缅南段的界务历史进行了广泛深入的查阅研究。

12月1日，尹明德等人依照约定到边地孟定西边户算会合后，即前往与界线有关的地方详密勘察，周咨博访，以图妥善解决南段未定界问题，仅在户算开会商讨南界问题就有三十三次之多。随后又马不停蹄地前往金厂坝、刚勐（班洪附近）、勐角、勐董、拉霸、老厂等地，一方面实地调查界区，另一方面与英方委员开会讨论。在讨论过程中，对每一段地区的争执，尹明德均尽量提出我国曾经管理过的人证物证（历史文件），与英人力争曾属我国管理过的区域。勘察过程中的艰辛不言而喻，由于"旧处深山旷野中，衣食住行均感困乏"，且"土著多系野人，设非卫护队伍极为得力，则勘界人员随时可以遭遇危险"。

1936年4月，尹明德一行至老厂时，清明节已过，瘴气随雨季而生，加之雨水连绵，测量勘测工作难以继续，故中英双方决定暂行停止工作。此次勘察工作前后开会计六十七次。勘察过程中，尹明德纠正了历年来英方有意造成的有损我方利益的错误多处。

5月，尹明德与梁宇皋返回南京报告勘界经过。此次勘察南界将清朝中国勘界委员刘万胜、陈灿与英国委员会司格德会勘时的条约线错误之处多所改正，并勘定政治区域修改线多处，由委员会报两国政府，留待交涉解决。此行归来著有《滇缅南界勘察记》六卷。

此后，尹明德在外交部专员任上办理中缅界务工作。

1941年6月18日，中国政府迫于抗战压力，无奈与英国签订换文，就南段未定界划定界线，这就是所谓的"1941年线"（即尹明德所提出的"户拱—巴特开山线"）。尹明德参与了中缅南界换文全过程，他所拟定协商时中方提出的方案争回了班洪、西盟、勐梭及勐角、勐董西面的勐卡、拱弄、拱勇、芒回各乡，共约两千平方公里的土地，但是阿佤山大部分仍归属缅甸。谈判此段界务时，适值抗日战争紧急关头，中方急欲修筑滇缅铁路，以利抗战物资运输。英方遂利用此种机会，迫使国民政府领先解决南界，英方同意修筑由缅甸腊戍至潞江边的一段铁路。此次签订的南界换文仍系根据1897年签订的不平等条约而订立，中国方面的领土损失不少。中英两国商定合组划界委员会按照换文赴南界勘划树立界桩，尹明德被国民政府委任为中国划界委员。中国委员办事处正在重庆准备出发时，中英换文后不久，日本偷袭美国珍珠港，太平洋战争爆发，中英成为共同抵抗日本的盟国，此时"1941年线"上并未竖立界桩。英方提议划界事暂缓办理，划界工作即行停止。

1942年10月，国民党军事委员会通令全国，规定

20世纪40年代初尹明德（左）与三弟尹文德合影

"户拱—巴特开山线"为中缅未定界线位置的正确绘法。第二次世界大战结束后，国民政府外交部亚东司编印了《滇缅北段未定界交涉概要及英人侵略事实》《滇缅北段未定界有关历史沿革》两份材料，基本要点在于主张以"户拱—巴特开山线"为中缅北段边界线，准备以此同英缅政府交涉，但因国内局势动荡不安，并未正式提出交涉。

1949年新中国建立后，我国实行的和平外交和睦邻友好的政策，为历史上遗留下来的边界问题的解决，奠定了良好的基础。1954年，我国周恩来总理参与创导和制定的互相尊重领土主权、互不侵犯、互不干涉内政、平等互利、和平共处五项基本原则，为进一步解决邻国关系中的历史遗留问题创造了非常有利的条件。正如周恩来所说，自从中缅"两国摆脱了帝国主义的压迫，获得独立以后，特别是1954年两国总理共同创导和平共处五项原则，并且以此为两国关系的指导原则之后，就为解决这个问题（指历史上遗留下来的中缅边界问题）创造了有利条件。我们两国政府一贯珍视两国的传统友谊和维护两国独立和亚洲和平的根本利益，因而在解决边界问题的时候，既考虑历史背景，又考虑当前实际情况，确定了互谅互让和友好协商的方针"。其间，周恩来总理曾高度赞扬尹明德说："历史上这种爱国主义立场是对的，与帝国主义必须寸土必争。"

1960年1月28日，中缅两国签订了友好和互不侵犯条约。1960年10月1日，中缅两国签订了边界条约。这样就完满解决了两国之间历史上遗留下来的边界问题。

在中缅界务北段，片马、古浪、岗房地区划归中国；在中缅界务中段，废除缅甸对勐卯三角地的"永租"关系，划给缅甸，作为互换；在中缅界务南段，将班洪、班老部落在"1914年线"以西的辖区归还中国。接着，在1960至1961年间，两国对中缅边界全面勘察定界，树立了永久性界桩。中缅边界条约的签订及其随后的勘界，成功地解决了两国的边界问题。

第三章　驱日寇尽心竭力

1942年5月,滇西半壁国土沦陷,敌占区人民饱受日寇欺凌。为唤起各土司头领抗敌报国,尹明德冒着被日军抓捕的危险,宣传国家战略,激励线光天、龚绶等土司积极组织民众抗日。在滇西抗战史上书写了光辉灿烂的一笔。

腾龙沦陷音书断

1937年7月7日,日本帝国主义悍然发动卢沟桥事变,中华民族抗日战争全面爆发。8月8日,龙云将军应召前往南京参加"国防会议"。南京国防会议期间,龙云根据"上海一失,我即无国际港口","日本南进政策必付诸实行,南方战区可能扩大,香港和越南的铁路也成问题"的见解,提出"国际交通应早做准备,立即同时着手修筑滇缅铁路和滇缅公路,直通印度洋;公路由地方负责,中央补助,铁路由中央负责,云南协助"的建议。蒋介石听完龙云的分析后,当场欣然表示同意。8月25日,日本宣布封锁约800英里的中国海岸线。不久,弱小的中国海军也被日军消灭,中国无法依靠自身的力量保证海上交通线的畅通。虽然中国仍然可以利用香港和法属印度支那向国内运送物资,但这两条运输线都处在日本海空力量的有效打击范围之内,难以长期指望。外交部长王宠惠指出:"香港、海防两港口运输现虽暂可维持,若英、法在远东有事,则新加坡以东恐将封锁。"10月6日,蒋介石指令外交部迅速与英国方面协商相关事宜。11日,外交部秘书段茂澜前往英国驻华大使馆,向英方人员详细阐述了中国政府的要求:"吾人以鉴于中国南海岸香港、安南两海口将来日军大举破坏时,或有阻碍危险。为未雨绸缪计,思及缅甸—云南一线,缅甸境内自腊戍—中国边境,未经修筑之公路仅180公里。我国云南境内自下关至边境亦只380公里。中国政府深望英国本国联援助中国抗战之义,即日兴修自腊戍至中缅交界之公路,俾能由缅直通中国之公路。"当月,组成了四个测量队分段紧急赶测下关至畹町的547.8公里新修建的路段,许多民工长途跋涉到工地,他们自带粮食、衣帽、工具,搭窝棚栖身,住岩洞避风。虽然当时条件十分艰难,高山岭上,寒风刺骨,夜不成眠;河谷地带,酷热难耐,瘴疟为患。11月18日保山地段最先开工,到了1938年1月,全线铺开。1938年8月31日,滇缅公路全线通车,其中西段从开工到通车只用了9个月。美国驻华大使詹姆森说:"滇缅公路可能和巴拿马运河相媲美。"而英国《泰晤士报》称:"只有中国才能在这样短的时间内做到。"此后一段时间内,滇缅公路成为抗战血线,大量战略物资从这里源源不断地输入国内,为中国人民抗战及其最终取得胜利做出了应有的贡献。

1940年5月,尹明德被重庆外交部派任,以宣慰专员名义到大理云贵监察使行署协助襄理滇西抗战事务。此后一段时间,尹明德奔波于重庆与云南大理之间,一边要办理外交部的相关工作,一边要开展对滇各民族抗战的宣传工作。

1940年6月19日,日本军方情报部长土桥勇逸向英国驻日本武官提出,避免日本对英国宣战的方法就是必须关闭滇缅公路、香港路线以及英国军队从上海撤退。20日,日本外相有田八郎正式向英国提出了土桥勇逸的要求，并强调说如果滇缅公路不被关闭，他将无法控制日本的极端派。6月24日，日本政府正式向英国提出了三项要求：第一，禁止物资经过滇缅公路运到中国；第二，关闭香港边界；第三，从上海租界撤出英国军队。与此同时，为了增加英国政府的压力，日军在毗连九龙租界的边界地区集结了大约五千军队以迫使英国屈服。

7月17日，英国驻日大使克莱琪同日本外相有田八郎签订了《英国关于封锁滇缅公路的协定》，协定规定自7月18日至10月18日这三个月内，暂停中国通过缅甸向国内运输武器、石油等物资。次日，英国首相丘吉尔在上议院宣布了英国暂时关闭滇缅公路的决定。

1941年12月8日，日军突然袭击美国海军基地珍珠港，太平洋战争爆发。随后，日军攻占马来半岛，泰国投降日本。9日，日军第15军司令官饭田祥二郎中将抵达曼谷，部署进攻缅甸，一步步向云南边境逼近。

12月26日，中英两国政府在重庆签订了《中英共同防御滇缅公路协定》，建立军事同盟，共同抵御日本的侵略。中国政府组建中国远征军，下辖三个军约10万人马，赴缅抗日。然而，英国人始终担心其在缅利益会因中国军队的介入而受到损害，于是，协定签订后，一直以各种理由阻止中国军队进入缅甸。

1942年1月1日，以美、英、苏、中四国为发起国，有26个国家签署的《联合国家宣言》发表，支持与德、意、日交战的国家,并保证不与德、意、日缔约。

然而,英国人对日军的不抵抗政策先后直接导致了同古会战、平板纳会战、曼德勒会战计划的失败。3月8日,缅甸首都仰光沦陷。29日,同古沦入敌手。4月29日,腊戍陷落。5月1日,曼德勒失守。中国远征军被迫撤退。一路向北经野人山回到云南,一路向西撤至印度。我滇西边境危在旦夕。

面对日军的南进攻势,在大理协助李根源襄理滇西抗战事务的尹明德,向李根源分析了国民政府对日作战的态势。他指出,就当前中国远征军被迫撤出缅甸的战略形势,日军的铁蹄很快就会踏入中国的领土,我军阻敌只能依靠山川河流等天然屏障,方能阻止日军之奋进步伐。

李根源和尹明德都是从腾冲走出来的子弟,他们对这一带的地理地势都了如指掌。单从河流角度看,自西向东的大盈江、龙江、怒江、澜沧江都具备阻敌的天然条件,山高谷深、河流湍急,不易强渡。但大盈江和龙江则有一部分区域河面太窄,易在短时间内搭桥铺路,我军如在这一带设防,易受日军炮火攻击。怒江、澜沧江流域山高坡陡,江面宽阔,水流湍急,更适合设防。但是,如果在澜沧江一线设防,中国领土失去的会更多。如果在怒江一线设防,不仅可让中国领土少一些被日军侵占,还有高黎贡山来作为保障。

基于以上分析,李根源即密书蒋介石:中国远征军撤回云南后,应当以怒江天堑为天然屏障,于怒江东岸一带设防，阻敌于怒江西岸，以减少祖国领土之进一步被侵犯，确保重庆之安全。

做出此决定后，身为腾冲子弟的李根源和尹明德，倍感痛心疾首：以怒江设防，故土就将沦入敌手，家乡父老也将倍受日寇之侵凌；又想想弟兄两人，为图报效国家，东奔西走，游学四方，却不料自己的国家今日却遭此大难，更殃及家乡父老，更觉得有愧于乡亲。这样想着说着，两人已是泪流满面。

5月3日，中国西南门户畹町被日军占领。闻此讯息后，旅缅华侨、瑞丽、芒市、龙陵、腾冲一带百姓开始拖家带口，往保山方向逃难。滇缅公路成为军人撤退、难民离乡背井的生命之路。

5月4日，日军飞机狂轰保山，并于当日占领龙陵，直驱惠通桥。5月10日，腾冲县也失守了。在万般危急的关头下，为阻止日军继续东进，中国军队炸毁惠通桥，以怒江天堑为屏障，与日军隔江对峙。

日军先后占领龙陵、松山后，滇缅公路怒江以西路段完全被日军控制，芒市、龙陵一带战略运输通道中断，难民饱受日军欺凌。同时，日军在侵占腾冲县城后，挥师北上，腾北地区及高黎贡山各交通要塞也被日军重兵把守。

腾龙陷，音书断。诉愁肠，洱海月。唯冀雄兵骋沙场，收复大好河山。

根源西巡举明德

日本侵略军队从缅甸进入腾龙边区后,滇西震惊,云南惊恐。时年63岁的云贵监察使李根源先生请缨"西巡",督导军民协助抗战。李根源在"西巡"途中发现了三个问题:一是国民政府的改土归流触及土司利益,多数土司对战争形势不明,对国民政府充满疑惧,对坚持抗战犹豫不决。而在民族面临亡国灭种的紧急关头,各民族、各阶层如果没有一种巨大的精神凝聚力,其只能是一盘散沙。二是日寇对土司的拉拢,"敌人侦谍四出,百端迷惑,若不及时示以殊恩,发其忠义,诚恐被敌利诱、威胁"。三是滇西地区崇山峻岭连绵不绝,滇西抗战的胜利,需各土司在人力、物力上的支持。李根源仰叹:"宣慰、宣抚之道非可缓也。"于是,他向中国远征军第十一集团军总司令宋希濂建议,"团结西南边疆土司,加强抗战力量",并派专员代表军事委员会和第十一集团军总司令部到腾龙边区宣慰各土司。此建议深得宋希濂的赞同,并嘱李根源先生及时向蒋委员长汇报。

然而,滇西边区地形艰险,土司情况复杂,因此,宣传抚慰边区土司是一项艰巨的工作,非具备一定素质者难胜此任。李根源经过反复考虑,认为要使此项工作圆满完成,尹明德是最佳人选。其理由有三:

其一,尹明德生长于滇边腾冲,这里19世纪末20世纪初备受帝国主义侵略,尹明德自幼深受反对帝国主义爱国传统的熏陶，具有强烈的爱国主义精神，他在政治立场上是可以信赖的。

其二，尹明德的父亲，曾在滇西边区聚集着众多少数民族的野人山任职（总练），受到当地人民的爱戴，尹明德前往便于与当地民族沟通；且受其父影响，尹明德对于滇边民族情况较为了解和同情，能唤起民众积极参与抗战，有他人所不具备的优势。而且，尹明德于1940年5月即被外交部以宣慰专员名义委派襄理滇西抗战事务，有丰富的外交经验和很强的外交能力。

其三，尹明德曾被南京国民政府委任为滇缅界务调查专员，多次深入到滇西边区进行勘察，深谙边地的地理及民情。遇到险情时，他能机智地避开敌人，也能在当地民众的支持下完成宣慰使命。

基于此，经李根源提名，蒋介石直接委任尹明德到滇西云贵监察使行署助理抗战，代表中央军事委员会深入滇西边区，对各土司予以抚慰。蒋介石以中央军事委员会的名义发出未东侍密电："兹派外交部专员尹明德为代表，前往滇边各地剀切宣慰，加意抚绥，深盼各司官共体斯意，益加奋发，统率边民，偕行杀敌，保世守之封疆，驱压境之强寇，共集大勋，副余厚望。"

腾龙沦陷后，家乡父老的安危、故土亲人的性命始终是尹明德牵挂的。他一直想报效国家，让人民过上幸福生活，让家乡百姓免遭生灵涂炭。然而，一介书生，何以杀敌报国？他只能把所有的美好愿望都寄托于国家战略和中国军人的铮铮铁骨上。而今,要让他全面担起宣慰滇西土司武装抗日的重任,他的内心兴奋不已,誓死也要深入敌占区,鼓励人民奋起抗争,誓死不做亡国奴,杀敌成仁。为此,尹明德接到任命后,即于1942年8月10日来到大理。

他想,沦陷区各土司一方面是因为通信不畅,对战争形势难以做出正确判断;另一方面,国民政府的改土归流政策触及到各土司利益,面对日本人的拉拢腐蚀和血腥屠杀,产生动摇是在所难免的。要拢住他们的心,仅晓之以大义是不够的,还要从国民政府的角度给予肯定与认可,从军队的角度给予组织武装力量的支持与任命。为此,尹明德到达大理后,即奔赴十一集团军总部与宋希濂面谈。他把自己的上述想法告知了宋希濂总司令。宋总司令非常赞同他的意见,同意给予各土司自卫组织名义,并请尹明德根据实际情况做出判断和抉择,然后再用电报告知。

考虑到尹明德此行深入敌占区征途艰险又事关国家前途命运,不能让尹明德一人独自面对,于是,宋希濂总司令选派上校科长黄之徵、中校秘书王旸、廖槐及参谋张乃文、副官杨佩玺等人,保护尹明德的安全,协助他及时把宣慰工作及其讯息传递回来。尹明德对宋总司令的体恤十分感谢,表示一定不孚重望,让腾龙地区各土司团结一心,誓与日寇抗争到底。

第二天(8月11日),尹明德即带上蒋介石的电文、宋希濂总司令和李根源监察使的信函及宋李二人所书撰"为国干城"匾，偕同黄之徵、王旸、廖槐、张乃文、杨佩玺等人，离开大理前往腾龙沦陷区宣慰各土司。李监察使暨亲友为其送行。由大理苍山书院云贵监察使行署出发至漾濞，然后经太平铺，渡胜备江，过黄莲铺，越博南山，跨澜沧江，离瓦窑乡，翻罗岷山，疾行二日至保山板桥。

板桥，是南方丝绸古道之永昌道上的重要驿站，也是进入保山坝的第一古镇，素有"北津烟柳""梅花古渡"的美誉。然而，受战乱之影响，此时的保山，到处是颠沛流离的难民，日本军机还不时前来袭扰轰炸，人民生活陷入极度恐慌之中。昔日繁荣的青龙街上，萧条得只有衣衫褴褛的难民。大雨中，沿街的难民让尹明德心生一阵又一阵的酸楚。板桥古镇上的旅店已是人满为患，尹明德一行只好到滇西战时工作干部训练团招生处下榻。

8月13日上午八时，访道路工程破坏处长张元养、梦久。叙谈后，旋同访云南省党部委员陈玉科、第六区行政餐察员李国清诸君。十一时，在张元养处便饭，旋偕课长黄文徵、秘书王旸，赴保山县城访第七十一军钟彬军长。因为今天是"八一三"淞沪抗战纪念日，钟彬军长赴干训团演讲，未能谋面。直到下午六点，在板桥罗竹泉家的晚宴上才遇到钟军长。席间，钟军长说：昨日情报，敌人有由勐卯、陇川进犯南甸土司之企图，但为数不多。又说：先生此行前往敌占区宣慰各土司，前方情报不是很明晰,如果敌人的确占据了南甸司地,那么,此行宣慰工作就很危险了。尹明德非常感激钟军长的关心与担忧,说:"日寇占领我腾龙地区,四处烧杀劫掠,乡民生灵涂炭,我此番前往宣慰各土司,就是要让敌占区的人民奋起抗日,以期早日收复失地。此行虽然艰险,但身为腾冲子弟,虽死无憾。再说,我是在腾冲出生又在腾冲长大的,非常熟悉这一带的地理环境,其间山中小道也多有涉足。如遇敌兵把守,我会从小道穿行,一定要找到南甸等土司,表达蒋委员长的关切之心,希望他们守土报国。"钟彬军长十分佩服尹明德的深明大义,祝酒致谢,并说:"先生此行深入腾龙地区,可保持与我预备第二师游击部队的联系,他们一定会保障先生安全归来。"

因接连几天雨都下个不停,尹明德的西行宣慰之路8月15日才得以继续进行。

潞江宣慰线比德

8月的保山雨水丰富,天色一变,说来就来。然而,为宣慰敌占区各土司,尹明德还是决定要冒雨前行。15日一大早,在板桥镇公所协助下,雇来了马夫和马匹,十时许才得以出发。在马夫的带领下,尹明德为节省路程,没有完全按永昌道北线行驶,而是经侯家村、高海村、孟官营,然后登山过李雪房,到达沙河厂住宿。第二天,又冒雨从沙河厂出发,一脚泥一脚水地行进了近六十里,过栗柴坝而到达渔塘。因连日下雨,到达渔塘时,衣履尽湿,同行官兵,俱感疲乏。途中遇见民国二十四年(1935)曾跟随他一起勘察滇缅南段界务的赛启鹏。赛启鹏在自己的家乡见到尹明德,心中非常高兴,问及所来目的后,说:潞江坝沦陷后,潞江土司线光天(1911—1986,字比德)率领家人转移到了渔塘。闻此讯息,尹明德即绕道前往拜访。到达那里才知道,仅是线光天的母亲及妾和一女孩移住此地,光天尚住潞江西案的大塘子,指挥家丁往怒江东岸抢运稻谷、钱粮。线光天的母亲住在赛启鹏家的外厢房,她年龄五十余,精神尚佳,晓汉语,言谈清晰,且落落大方。拜见了线光天的母亲后,尹明德盛赞其深明大义,为保国家领土不受外敌侵犯,责令儿子线光天率众奋起抗日。而线光天则不愧中华儿女之楷模,始终坚守在抗日报国的第一线。如此等等。夜色已晚,尹明德拜别了线光天的母亲。第二天一大早,又冒雨从河湾出发,经上鲁村,抵潞江东岸大沙坝渡口,横渡怒江。

大沙坝渡口,两岸皆无居民,东岸有八十八师二百六十四团一营一排驻守,稽查行人。来往旅客,须在江东岸户怕营部,或江西岸大塘子驻军长官,取具准许渡江证,方得渡过。8月的怒江波涛汹涌,暗流滚滚,江面开阔,非有当地船工摆渡,很难渡江到西岸。幸好提前得知此信息,已找好了船工和船只。只是,为安全计,这个季节一般是不让运输骡马过江的。尹明德向船工说明来意后,方可人马分开摆渡,一次摆渡就用去近半个小时,才到达怒江西岸。渡过怒江,等候船工折返回去运送骡马,尹明德感慨怒江天堑之雄阔湍急,如非有此江,云南全部领土都将为日本人所占领。沿江满目葱茏之景致,令尹明德为之倾倒。然此丰饶之地,如今却正在日军铁蹄下饱受侵凌,不觉心头一阵酸楚。

骡马顺利运送过江后,尹明德即率随行人员经烫锡村上山,前往大塘子。大塘子是潞江土司辖地,位于高黎贡山东面,属保山上江乡第一保,路当孔道。日军侵占潞江土司府所在地新城之后,线光天即率家丁和乡民来到大塘子小学设立司令部,并在鱼塘边的空地上操练兵丁,以适时抗击日军。尹明德先行到达大塘子,与八十八师二百六十四团第一营营副常军静一起就宿于李姓宅院。房主人在日军侵入潞江坝时,就已举家疏散迁移,唯留空屋。抵大塘子后,因日间在江边候渡暑热异常,甚渴。炊爨器具行李,后行来到,乃赴乡公所办事处稍憩。

8月19日,吃过早饭后,尹明德便偕课长黄文徵、秘书王旸、廖槐、参谋张乃文等赴潞江安抚司行署宣慰土司线光天。线光天时年31岁,受业于腾冲举人王开国,并毕业于腾冲县立中学。娶二妇,大妇为芒市土司代办方克光之妹,二妇为腾冲汉人朱姓,三妇亦芒市女子。线光天有六女一子,子年龄8岁,六女皆汉装束。潞江土司为线氏,其祖先曩璧法,河南开封人,于明洪武年间随沐英南征有功,授长官司世守潞江,永乐九年(1411)升为安抚使，永乐二十一年（1423）袭职土司曩旧法受封赐姓线，改名为线旧法，后人沿用线姓。民国十六年（1927）六月初五日，时年17岁的线光天因父亲亡故返家承袭土司职务，成为线氏第二十二世土司。面临日寇的入侵，1942年5月3日，线光天召集司署全体官员开会，提出只有坚决抗日才有出路，要求全体

坚持敌后抗战的潞江土司线光天

官员统一意志，一致抗日，保卫乡土。由此可以看出，线光天是一位真正的爱国土司。为此，尹明德决定在宣慰过程中树立这一典型，让全体土司以线光天为榜样，组织民众抗日卫国。

与潞江土司线光天见面寒暄后，尹明德致词："近数年来，吾滇为抗战交通上之生命线，滇西边区同胞对国家贡献甚大。自敌人侵入滇境，腾龙并潞西等地沦陷，边境同胞受敌人杀害蹂躏，殊为惨痛。中央政府及委员长，无时不在怀念关切，故特派本人代表前来抚绥慰问。委员长并颁给电文玉照，以表眷念之意。第十一集团军宋总司令、云贵监察区李监察使，亦均关怀，除各致函慰问外，并书给'为国干城'匾额一方，以期为国效力。线司官以往为国努力，颇多贡献。此次敌人侵占潞江新城，不为所诱，毅然脱离虎口，此种精神，殊可钦佩。嗣后尚望统率所属人民，严加训练，与国军一致，共

同杀敌，完成抗战建国大业。宋总司令经委派线司官任滇西边区自卫军潞江支队司令，希即早日就职，共策进行。对中央或宋总司令有何陈述，当代传达。"

尹明德致词完毕后，即拿出宋希濂总司令转委员长颁给的电文，进行宣读。

潞江安抚司线司官鉴：

顷奉委员长蒋未东侍秘电开："倭寇不道，侵略中国，祸结兵连，时逾五载。近复张脉偾兴，大举南进，袭据缅甸，窥我滇西，逞其征服世界之野心，甘为国际正义之公敌。我同盟国家军事设备，今已日臻完善，正图东西合力，歼此恶魔，奠安全局。中国为东战场所在，兵以义动，计不后时，各司官世受国恩，深明大义，当能一心一德，与国家共休戚，与疆土共存亡，协助国军，努力抗战，本委员长翘首南天，良深厉念。兹派外交部专员尹明德为代表，前往滇边各地，剀切宣慰，加意抚绥。深盼各司官共体斯意，益加奋发，统率边民，偕行杀敌，保世守之封疆，驱压境之强寇，共集大勋，副余厚望。"蒋中正未东侍秘，等因。奉此，特电转达，希即遵照为要。

第十一集团军总司令宋希濂未阳机印

线光天听完电文，已是感慨万千。双手颤颤微微地接过电文，表示誓当报效国家。接着，尹明德又将宋总司令于八月八日所书致线光天的函件做如下宣读：

比德司官勋鉴：
　　国家多故，军务倥偬，不获时通笺候，望风怀想，良用拳拳。此次缅甸蹉跌，倭寇窜入滇境，煽扬凶德，所遇残破。希濂受命督师西征，誓遏寇虐，赖军民之努力，告阻敌于怒江西岸。惟腾龙据点，寇犹未退，鳞介腥膻，污我神皋。此固将兵者有除寇未尽之责，抑亦守土者引为剥床及肤之痛也。恢复之图，实不容缓。执事世受国恩，谊同休戚，亟盼领导边民，与国军切取联络，起而杀敌，共策殊勋。昔石柱司官女将秦良玉，为国杀敌立功，今北平四川营赫然有其驻兵遗迹，史册流传，勋名不朽。执事宏识远略，万流仰镜，当能绍此前徽而发扬光大之也。前派本部高级参议赵宝贤前来联络，兹复乘尹专员宣慰之便，再派本部上校课长黄文徽、中校秘书王旸等，偕同前来，传致鄙忱。并与李印老联衔书赠"为国干城"匾额一方，幸即惠存。并希时复，书不宣意，致问起居。
　　　　　　　　　　　　　　　　　宋希濂谨启

作为滇西知名土司，线光天曾率领辖区内民众积极投身到滇缅公路的修筑工程；中国远征军入缅作战时，也曾向军队贡献钱、粮、骡马、兵丁等等，给予中国远征军以大力支持。为此,他和第十一集团军总司令宋希濂有过密切接触。5月3日司署全体官员大会后,线光天一边疏散了家属,一边派人过怒江与国民党十一集团军江防部队联系。自己则驻守新城,奋勇抗敌。5月21日,潞江沦陷,潞江安抚司署由新城转移到保山上江乡大塘子村继续坚持抗日,并代电云贵监察使李根源和十一集团军总司令宋希濂,请求支持。

云贵监察使李、第十一集团军总司令宋钧鉴:

慨自倭寇于五月五日突入龙陵,即盘踞职属之腊勐一带,旋而沿遍潞江,各桥破坏,消息隔绝。职因密具形势,募勇过江,请潞东各军西渡驱逐。职与预备二师孙参谋奋力固守新城以上,以物力、人力供给国军。至六月二日敌溯路北上,攻至惠人桥一带,占据职署新城,杀掠强奸,惨无人道,村里荡然。职于炮声中率全眷追随国军,西渡避敌。行至八湾寨,被敌冲断,连日冒雨避走山中,极其困危。及国军反攻,敌始于六月十一日退踞腊勐,职得暂定喘息,归视职署,则毁突污秽,不堪触目,仍居山中,正筹安抚。而战局变幻,新城一带,又陷危险。叠蒙陆军预二师师长顾函,令举家东渡,刻已于七月二日到达保山县之大塘子,除将家小送往潞江东岸外,职仍在大塘子组织司署临时办事处,以助国军作战。但职司奉命积存之谷,除沦陷敌手六保外，余之九九保损失亦巨，刻正派员清查，应如何组织抢运，请示处置，而免为敌利用。惟职既离本土，百事皆非，家口良贱计二百余人，无以生活，伏乞转请政府予以救济，至感钧惠。职徒切不降之决心，无补抗战之大计，弃土旷官，反为国累，抚躬自问，不胜惭悚。谨此电呈，伏候训示。

　　　　　世袭潞江安抚使线光天（江印）

在经历了日军对潞江一带的大肆扫荡之后的今天，又见宋司令书函，线光天自然感激不已。

宣读完宋总司令的书函，尹明德又转呈了云贵监察使李根源先生的书函。内容如下：

比德世仁兄台鉴：

　　比年倭寇内犯，近且侵及滇西，凡属国人，靡不共愤。根源虽经老迈，不敢惜此微躯，特奉蒋委员长部命令，驻节保山、大理一带，策动民众，协助抗战。吾兄世受国恩，代有勋阀，自必同仇敌忾，与国休戚，追随国军，歼此丑类，树绩立功，期在不远。兹尹专员明德代表委员长前来边围宣慰各司，根源特与宋总司令书赠"为国干城"匾额一方，因冀边忠之切，用表怀念之深。甚盼领导边民，协力报国，共保疆土，以锦世祚。

尚希时报边情，常通函电，余由尹专员面达。专此敬颂勋安。

李根源

三十一年八月八日

随后，尹明德向线光天颁发了由宋希濂与李根源联衔书赠的"为国干城"匾额。

在尹明德晓以国家民族大义的宣传动员下，线司官进一步坚定了抗日决心，他说："承专员代表中央政府及委员长前来宣慰，深为铭感，光天才识短浅，对国家殊少贡献，今承宋总司令委以自卫支队司令，任大责重，当竭尽智能，遵专员所嘱，率领边民追随国军之后，努力杀敌，保卫疆土，请将此意转达上峰。……"随杂谈关于潞江及敌人到后一切情形，尹明德又告之以国之大势。

两人一直畅谈到下午六时，线司官腾籍第二夫人（汉人朱姓）置备了腾冲八大碗菜蔬邀宴尹明德一行。其中的大竹笋烧肉一味，让一直奔波于宣慰工作的尹明德尤感家乡的情味。席间畅饮，极为欢洽。线司官表示欲赴大理谒见宋总司令、李监察使。尹明德对线司官的打算深表赞同。饭后，线司官的家人又奉上潞江之著名果品——芒果，整个屋子便弥漫着芒果般的亲和氛围。薄暮时分，尹明德才带领着随从人员冒雨返回大塘子。至大塘子后，便立即发送电文二件：一件致大理宋总司令、李监察使，报告行程及与潞江线司官光天晤谈情形；一件致腾冲界头预备第二师顾师长葆裕及张问德县长，告以马日由大塘子启行赴界头。

8月20日，因得知潞江土司线光天要来回访，尹明德上午都在住所与随行人员谈论抗战时局。下午一时，线司官光天偕总务主任李济洲来到大塘子。两人谈及芒市、遮放、勐卯情形。线司官说：闻敌人初来，挟持木邦土司同行，但芒市土司代办方克光不愿见面，嗣后情形，即未详悉。线光天的陈述，显然告知了尹明德一个重要的信息——芒市土司代办方克光是一位富有爱国思想的可靠之人。于是，尹明德把此次滇西之行的重要使命告诉线光天，并请线司官设法密达方代办，如能逃出至南甸或干崖晤面最好，否则派代表来面洽一切亦可。线司官应允设法转达，并谓彼等决不甘愿附敌。

线司官离开之后，尹明德又立即致电宋总司令转达线司官请求四事：（一）将保山上江乡自卫事宜，归自卫军潞江支队司令办理，行政系统仍旧不变；（二）潞江支队拟于潞江及上江乡各设一个大队；（三）请派中校主任参谋一员，上尉大队副二员，前来助理；（四）请补助枪弹。

收悉尹明德的电文之后，十一集团军总司令宋希濂即派人带来了委令状一张，委任线光天为"滇西边区自卫军潞江支队少将司令"，并颁发了木质铭记一颗，潞江支队司令部人员编组大纲一份。同时指令潞江支队，暂由七十一军指挥。接着军部派来了副司令一人（幸毅）、参谋长一人（刘少邦）、参谋一人。司署迁到小水井后又派来滇西"干训团"毕业生8人。因人员武器缺乏，潞江支队未按编组大纲成立3个大队，只编了2个大队。第一大队队长线永命，第二大队队长王祖荣，每个大队只有100多人。政训主任李济洲、军需主任番德良、副官主任袁汉雄，除袁汉雄是由七十一军副官处调来的外，其余都是司署人员。

这一天，由缅甸逃难的140余名粤籍华侨，狼狈不堪地来到大塘子。他们身上沾满了泥浆，汗水和泥水混杂在一起，比街边乞丐还要可怜。有的人竟无钱买米充饥，尹明德看着这些逃难的华侨，心中如翻倒的五味瓶。心想：如果我国家强大，人民又怎么会遭受如此之劫难呢？他们是我们的同胞，和平时期，为报国家而远走他乡谋发展，而今，国家有难，这些侨民也难以幸免。这一路上，为了躲避日军盘查与抓夫，不知吃了多少苦，受了多少罪。这样想着，尹明德即令参谋张乃文以本处名义领军米粮予分发救济这些难侨。晚七时，华侨赵振均、黄宜暖、曹锡培、董有才等来面述，由缅甸经八莫、九保逃难到此困难情形，拟明日续行至保山乘车，经下关转昆明，请援助，以免久困异乡等语。应明德当即缮函彼等持往保山谒钟军长，请代设法救济，并予以乘车便利。此次缅甸沦陷，华侨倾家荡产，颠连困苦，辗转道途，饥病以死者，不知凡几，深可悯也。

八时，预备第二师驻潞江司署联络参谋孙时奋来访，谈道：潞江土司地，不如南甸、干崖、陇川各司之广大，人力较少，但物产相当丰富，以谷米一项来说，可长期供给两个军的人食用。只是土司左右须有人为之策划协助，才能应用灵活，否则虽有物力，恐亦不能为我有效使用。如果将来整编训练自卫军支队，尤其需要由第十一集团军总部派人主持协助，方可达成。尹明德认为孙参谋所言非常好，但此事关系远征军之后勤保障及处理土司地征粮之重大问题，需致电宋希濂总司令核办。

在交谈中，尹明德获知：上江乡共六保，人口600余户，现适当腾保交通孔道，公差来往及运输军用物品，征派夫马，担负甚重，如不设法调济，长此以往，是乡人民，将不堪命。这些信息，都一并致电宋希濂总司令请示汇报。

风雨兼程高黎贡

高黎贡山，"高黎"（又叫高丽或高日）是景颇族一个家族名称的音译，"贡"为景颇语，是"山"的意思。高黎贡原意为"高黎家族的山"，后来汉族按自己的习惯在"高黎贡"后又加"山"，最后形成高黎贡山的名称，"高黎贡山"最早见于唐代著名学者樊绰所著的《蛮书》中。

高黎贡山是横断山脉中最西部的山脉，北连青藏高原，南接中印半岛，使之无论是在气象学还是生物学上，都具有从南到北的过渡特征。高黎贡山北段位于西藏自治区境内，称伯舒拉岭，山体呈北偏西走向。进入云南贡山独龙族怒族自治县后，称高黎贡山，呈南北走向，平均海拔约3500米。其中，以北段较高，海拔4000米以上，尾端2000余米。

在长期的民族迁徙过程中，横断山脉的沟谷险壑与茂密森林里踏出了一条条蜿蜒曲折的小道。随着商贸、文化、宗教的交流发展，马帮进一步用丝线一样的古道，把山内外串成了粒粒明珠。从古永昌（今保山）过怒江翻越高黎贡山进入腾冲的道路主要有三条，根据其南北位置，分别包括北、中、南三条线路。北线：从勐古渡口横渡怒江，然后依次经西亚、北斋公房、黄石坡、桥头、界头、永安、曲石、酒房、打苴到达腾冲城。中线：由双虹桥过怒江，然后依次经烫习村、大渔塘（即前文所说的大塘子）、百花岭、南斋公房、林家铺、江苴、曲石、酒店、打苴到达腾冲城。南线：从惠人桥过怒江，然后依次经坝湾、蒲蛮哨（或禾木树）、磨盘石、天池、风口城门洞、龙江桥、甘露寺抵达腾冲城。

大塘子位于高黎贡山茶马古道中线的坡脚，是从中线翻越高黎贡山的必经之地。8月20日晚，尹明德即着随行人员备好骡马、干粮和沿途饮用水。第二天一大早起床后，生火做饭。上午九时许，即率队出发。沿途经过百花岭，此处气温尚佳，既没有了山下江边的暑热，又没有什么寒气袭人。抬眼望去，山下景致满目葱茏，生机昂然，只是因战乱所害，田间地头却少见耕作之农夫。而村里人不知尹明德等人来自何方，为何而来，远远地见了就急忙避开，躲起来了。

又前行约五里地，尹明德一行来到了旧街子。这里海拔约1900米，是南方丝绸之路永昌道上的一个主要集镇，依然可见满街林立的酒馆、驿馆、茶楼，可以想象曾经来往商客、马帮川流不息热闹非凡的景象。而今却人去楼空，一片荒芜凄凉。尹明德令随行人员稍事休息后，接着就往二台坡方向继续前行。登上二台坡，已是气喘吁吁。回头望去，八月的怒江如一条灰色的长龙，飞舞于峡谷深处。又行二里，至大风包。这里地势较高，且周围树木矮小、稀少，初秋的晨光下，风从南面吹来，已感阵阵寒意。尽管此时远方的和尚岩风光宜人，但却不能让尹明德留连。毕竟，现在已日近正午，还未赶上十一集团军总部高级参谋明增慧一行人等。他们提前出发时已约定，在黄心树那里做好饭等着。抽了一支烟，喝了几口随身背负的水，就立即上路。尹明德曾多次翻越高黎贡山，他知道，走山路时是不能长时间歇息的。

又行约五里地，来到了岗房。顾名思义，岗房是茶马古道上的岗哨。古道商贸盛行之时，时有土匪抢劫过往客商，也有熊、豹子等野兽出没。为保护过往客商的人身和货物安全，地方政府在商道上山体的两侧，各设一处岗房，专人持枪保护过往客商。客商多结伴而行，岗房派人护送至山脊后，鸣枪向另一侧岗房报信，另一侧岗房的人持枪前来接应,以保证马帮商队过往行人在这一段路上的安全。岗房向过往客商收取一定的保护费,名曰"持岗保路"。日军入侵后,岗哨被迫撤销。如此一来,翻越高黎贡山的人,虽没有了土匪的侵扰,却难免被日军逮到或是被狗熊、豹子袭击。

穿过岗房,道路变得平缓了许多。然而,此时却下起了大雨。雨滴洒落在茂密的树林上,嗒嗒嗒的,如日军机枪扫射时发出的声响,令人生畏。此时的岗房越发地令人感到凄冷。一行人等进入岗房内避雨,却没有柴禾生火,只能聆听风吹树叶雨打森林的悲凉。好在雨没有下多长时间,约20分钟后,雨停风止,只有树叶上的水滴还在不停往下滴。泥泞之中,骡马背上的铃铛又敲响在古道上空。顺坡而下,来到了海拔2350米的黄竹河。雨后的黄竹河多了一份混浊,然而,河两岸的原始森林茂密,环境优美。河上有一座桥,名曰永定桥。该桥建于光绪二十二年(1896)。据说原来的桥被洪水冲垮了,重建后希望桥不再被冲垮,故名"永定桥",有期望永远安定之意。却不料而今只能让远征军将士和逃难的人们通行。

过了黄竹河,又开始往上爬。石阶上,一个个深深的马蹄印,就是一篇篇感人肺腑的马帮故事;那层层堆叠有苔藓,就是一页页历史典籍。石阶在人与马经年累月的踩踏下显得异常湿滑,而没有石阶的雨后古道,俨然是一条临时的小溪。艰难行进了约半个小时,终于来到了一个地势相对平缓的地方——黄心树。这里因生长着大量黄心树而得名。黄心树，又名南亚含笑，产于云南中部及南部山地灌丛中和林中，和银杏同属第四纪冰川后残留的中生代树种，俗有"活化石"之称。含笑是木兰科含笑属的常绿灌木，枝叶特别茂密。它的叶革质，椭圆形，油亮碧绿，在嫩枝、芽、花梗和叶柄上生满了褐色绒毛。春末夏初，正是含笑花盛开的时节。生于叶腋处的花蕾半开微吐，在碧绿的叶子衬托下，仿佛是一个抿嘴微笑、脉脉含情的美貌姑娘。真是"深情厚意知多少，尽在嫣然一笑中"。含笑花初开白色，而后渐渐为象牙黄色，边缘常染红紫晕。花盛开时，香气浓烈，似香蕉气味，因而含笑又称香蕉花。种子8—9月成熟。花期时，花朵欲开不开，似垂不垂，含情脉脉，雅致柔丽。见此树林，尹明德不觉吟起古诗来："花开不张口，含羞又低头。拟似玉人笑，深情暗自流。"此时，已是下午两点了。明参谋等人已做好了饭，就等尹明德一行到来就开锅。

　　吃过午餐，已是下午三时。尹明德一行接着踏上征程。山路却由此而更加陡峻。行约两里地，便到达了换米处。古时候为方便过往客商、马帮，高黎贡山周边的村民平日里把大米、面粉、油盐等搬运到这里，待客商、马帮路过此处时可以在此休息、喝茶饮酒，同时可以用客商的布匹、绸缎等物资交换大米、面粉、油盐等到山顶南斋公房煮饭吃。于残缺断垣和石阶间，仿佛还能听到昔日客商、马帮与村民们讨价还价的嬉笑声。

　　又艰难上陡坡约二里地，到了一处地势相对平缓的地方——懒板凳。这里地处山脊，地形平缓，人们通过长途跋涉，走到这里已是气喘吁吁，体力不支，所以会在这里坐下休息。由于四周树高林密，凉爽舒适，空气清新，躺下就昏昏欲睡，再也不想站起来行走，所以把这里称之为"懒板凳"。

享受了懒板凳的一时清凉与舒适，没走几步平地，又开始更为陡峭的石阶路。因为快要接近山顶，在长年的冷风与霜冻下，树木又少又枯。只有不远处的南斋公房，能让人打起精神继续前行。斋公房是古道上的一处慈善设施，是曲石乡某斋堂的善男信女施善的地方。斋堂有常住香火田，其收入用于斋公房的开支。山脊垭口道路险峻，风雪高寒，长途跋涉后经过这里的马帮商旅和过山行人难免有遭遇凶险之虞。以行善为宗旨的斋公，在此建筑房舍，设置炊具并备有日常食物，以供过往行人应急之需。古道的行人，翻越山脊时出现低血糖心慌气短，或遇天气突变，被风雨大雪所困无力前行时，会得到斋公的营救。斋公会在天气突变之后到山垭口两侧巡视，发现气息奄奄的路人时，将其背到屋内保暖施救。而过往受到斋公照顾的行人，当返回或下次经过此地时，也一定奉还食物。一些给养带得富余的商队路过此地时，也会留下一些食物以表赞助。斋公房，对行人来说，是一个充满善意和温馨的地方。然此地海拔已过3000米，虽是八月天，但一阵风过，就让人颤抖。

在斋公房略歇息后，向西下坡，陡险难行。从内曲石坝子吹来的暖风，到此瞬间变冷风，嗖嗖地钻进人的裤腿、袖口、衣领，奇冷难耐。若是冬天，那便如刀割一般。抵达山脚的林家铺时，已是傍晚七时。而后行人员距离犹远，势难赶到，即在此止宿。这里仅有四户居民，预备第二师第六团迫击炮连驻扎在此，已无多余的房屋来提供住宿，尹明德便同连长谭作柱商洽，移让官兵一部，勉可下榻。同行迟至人员及行李，晚上九点多了才抵达林家铺。但林家铺的温暖，却让每一个人都精神愉悦。

会晤葆裕析践情

8月22日，尹明德一早就催促随行人员起床，收拾好行李后，与炮连的战士们一起吃过早饭，就从林家铺出发了。到达瓦甸时，已是人困马乏。瓦甸乡乡长熊占先得知尹明德到达的消息后，前来迎接，并坚持让尹明德在瓦甸住一宿，以叙旧情。瓦甸现名保华乡，在龙川江东岸，南临曲石乡，北与连凤瑞乡（旧名界头练）接壤。尹明德于民国二十年（1931）一月勘察滇缅北界经过此地时，就宿于熊占先家。因祖辈、父辈都有相当高的文化学识，又经营两队马帮生意，所以家庭比较富有。当时他三十多岁，已担任瓦甸乡的副乡长。十多年过去了，他始终办事干练，又善结人缘，颇受地方百姓拥戴，三年前就已升任保华乡乡长一职。

在熊占先家吃过下午饭后，尹明德安排好随行人员第二天前往界头的事宜，即骑马前往铅艨，探望移居于那里的李根源先生的家属。腾冲沦陷后，其家属即从腾冲县城和九保街往北避难而到达这里，并新建一屋。尹明德从熊占先那里得知，李根源的夫人徐氏也是最近才从九保迁来。由瓦甸出发后，向西经永安桥渡龙川江，桥为铁索所建。永安桥，是民国二十一年，里人吉运春、封维德、董正常等募款修造的。桥额上题有李根源先生隶书"永安桥"三字，干劲有力。过吴家湾，经夹象石桥而东，江东岸，桥南数里即夹象石，这是明万历年间邓子龙大破缅兵的地方。到达铅艨，即上李府拜见徐夫人。战乱让家人流离四散，而李根源先生则因抗战报国事，虽一山一江之隔，却不能与家人团聚。此时见妹夫翻山越岭而来，亲人重逢，相见甚欢。印泉先生的房屋面向马鞍山，其顶起伏如波浪，复枕紫气山，来脉亦佳，大渔河、龙川江左右交汇，山环水抱，堂局甚好，印泉先生当时在此建房，是想要日后在此养老的。

拜别了徐夫人后，尹明德又骑马向界头出发，于下午四时方才到达。随即偕黄科长、王秘书前往预备第二师驻地拜访顾葆裕师长，并与彭励参谋长、方诚主任相见。而洪行副师长，因于月初率第四团向腾南推进驻防，未能得见。遂与顾师长等人交换了对当前敌我形势的分析判断，指出安抚各土司官，发动民众积极抗战的必要性。

尹明德分析指出，当前云南省之西南地区均为敌环

预备二师师长顾葆裕　　预备二师副师长洪行

伺，滇越铁路线以东滇越边地防务，第九集团军担任，总司令关麟徵（雨东），驻文山。滇越铁路以西至车里、佛海滇缅边地防务，第一集团军担任，总司令卢汉（永衡），驻蒙自。澜沧县以北滇缅沿边防务，第十一集团军担任，总司令宋希濂（荫国），驻大理。而滇西保山一带，皆第十一集团军防地，各地官兵尽量协助，一切称便。预备第二师，顾师长和各团、营长，均朝气焕发，振奋有为，到腾以来，闾阎无扰，军民融洽，故能屡摧强寇，歼敌甚众。顾师长十分赞同尹专员对滇省局势的分析，并表示：尽管敌占区游击工作异常艰难，但为远征军来日大反攻争取时间，定要率领预备第二师全体官兵与当地各土司头领、千千万万民众一道，牵制日军，阻其东进。

腾冲县临时县政府张问德（字崇仁，1881—1957）县长听说尹明德来到界头的消息，亲自到尹明德的临时

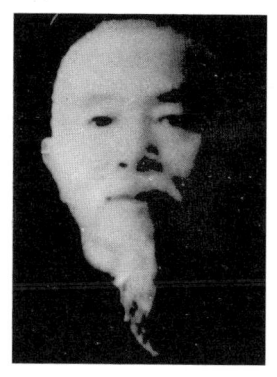

抗日县长张问德

住所看望,并邀他和随行人员赴县府吃晚饭。席间得遇腾冲县抗日救亡志士刘楚湘(梦泽)、李德和(致乡)、刘绍和(协之)等人。此三人都是尹明德当年在腾冲的好朋友。

张问德,云南腾冲城人,曾经是朱德和叶剑英的老师。1942年年初,入缅作战的中国远征军失利,被骄横的日军尾追着向国内溃败,国门洞开,日军直逼滇西要道上的名城腾冲。驻守腾冲一带的中国地方武装负责人龙绳武得到日军进逼的消息后,竟秘而不宣,加紧抢运亲眷和财产,向昆明逃跑。第二天,县长邱天培也带上自卫队和警察潜逃。腾冲县群龙无首,兵丁四散,只剩下手无寸铁的百姓。三天后,日军占领了腾冲这座"极边第一城"。时年62岁的张问德积极宣传并组织民众抗日,危难时受命担任抗日县长,发动群众,配合中国远征军预备第二师在沦陷区与敌展开游击战。

多年不见,又因抗日工作日夜操劳焦思,崇仁、梦泽、致乡等人已益现苍老。但听说尹明德涉险前来,代表国民政府宣慰土司抗日,都无不兴奋。言谈中,都甚为期盼国军早日增援,收复腾城,不识政府战略如何?尹明德告以我军克服腾龙,不过时间问题,当前一切均在积极准备中,一俟时机成熟,即推进大军,一鼓驱敌于境外，希腾人忍耐稍待。随后又纵谈国内外大势，尽欢而散。

8月24日上午九时，顾师长、彭参谋长来访，详细交谈了滇西军民当前的抗日情形：

大盈江和槟榔江中、下游三角地带的干崖、南甸、盏达、盏西、莲山、户撒、腊撒、陇川和瑞丽江畔的勐卯等地，是傣族、景颇族、阿昌族等民族土司或山官统治地区。日军侵占怒江以西地区后，大多数土司从国家民族大义出发，积极支持和配合远征军抗战。自8月中旬以来，预2师第4团在腾冲南部建立以蛮东为中心的游击根据地，积极争取和团结各土司抗日。

在龙潞地区，日军侵占滇西，爱国青年纷纷请缨杀敌。龙陵象达青年军人朱嘉锡，在中共地下党人朱家璧、张子斋的影响和鼓励下，组建"昆明行营龙潞游击支队"，昆明行营主任龙云任命朱嘉锡为支队司令兼龙陵县长。朱嘉锡为中央军校第8期学生，他在昆明招募了一批游击队骨干。6月，他率队由昆回乡，在保山县施甸设立支队司令部和龙陵县政府办事处。朱氏家族是象达士绅首富，其父朱晓东，曾任第38军第99师师长，在家乡声望很高。朱嘉锡回乡发动游击战，受到家乡民众的热忱欢迎和支持，许多青年报名参加游击队，游击队很快扩大到100多人。龙潞游击支队进入敌占区后，频频出动，袭击勐戛、象达、平戛、黄草坝等地日军。初时战斗规模不大，但政治影响很大，鼓舞了敌占区人民。斗争中队伍扩大到200多人。

在泸水地区，谢晋生团长率一部分兵力进入怒江六库，经与当地土司商定，组织游击队，名称为福（贡）碧（江）泸（水）练（地）民众自卫支队，第11集团军总部任命六库老土司、已70岁的段浩（白族）为少将司令，谢晋生为上校副司令，支队下辖4个大队，大队长由各土司兼任，大队副由谢晋生部军官担任。云贵监察使李根源曾赋诗赞扬他们："潞水诸土官，忠贞知报国。上有段镜湖，下有线比德。"（按："镜湖"和"比德"分别为段浩、线光天的字。）

阿佤山区包括临沧地区的镇康、耿马、沧源、双江等以佤族为主的少数民族聚居区。这里有班洪人民抗英斗争的光荣传统。日军侵占滇西后，中共党员江枕石到阿佤山联络思普爱国人士罗正明、缅甸爱国华侨尹溯涛、中共党员李晓村等组织抗日游击队。经李根源引荐，第11集团军总司令宋希濂任命罗正明为南阿佤山区自卫支队司令，下辖两个大队，队员以佤族和傣族为主，大中小队长皆为当地土司和头人担任。

在交流了当前滇西军民抗日情形后，约定于25日上午在师部会商各司地应行布置自卫军事宜，以便会同向宋总司令建议。

自受命宣慰专员一职以来，尹明德日夜兼程，风雨无阻，并及时将各土司组织民众抗战的情况和提出的要求、建议迅速反馈给滇西云贵监察使李根源先生，以供李先生做出决断。这一天，李根源将尹明德所上报的有关材料汇集整理后，写出《报告抚慰滇西土司情形书》递呈蒋介石，将"抚慰"各土司的情况向蒋介石做了详细汇报。他分析指出："目今敌军压境，人心易惑，而各土司同仇敌忾，得来请命，数百年怀柔抚绥之德，效忠明耻之教，事效已见。然敌人侦谍四出，百端煽惑，若不及时体其来意，示以殊恩，发其忠义，诚恐被敌利诱、威胁，则心志稍移，凝结无术，然则宣慰、宣抚之道，非可缓也。"且云南所属之土司，"自元明迄今，历年数百，其为势根深盘固，当此时局，焉可置而不用，倘能施以招徕，待以平等，遇以惠爱，一革昔日苛索贪虐之政，由此推行，普及缅疆，将来大军一出，收复缅甸，事属可企"。并建议将滇西各土司已成立的和未成立的自卫武装力量编制组织，由第十一集团军总司令部分别给予自卫支队、自卫大队等名义，发给委令、印记，使各土司更有利于集合民众，组织训练进行抗日。蒋介石复电："良用钦佩，尚希对于输诚报国各土司，尽数代为抚慰为要。"

8月25日早饭后，尹明德偕黄科长、张参谋赴师部开会，师部出席者，顾师长、彭参谋长、方主任三人。彭参谋长首先报告了腾城失陷后预二师在腾作战经过及军事布置情形，并各土司现状：

敌人在我境内畹町一带一联队，龙陵城郊一联队，镇安所及惠通桥一联队，腾冲一联队，旨属敌五十六师团。在腾境者为金刚联队。初,敌约二千五百人,经预二师数次攻击,伤亡一千二百人,现敌留腾者不过千三百人,皆在城郊三十里以内及腾龙交通线上。计驻守腾城郊者七八百人,勐连镇约三百人,其余分驻玉璧、董库、干峨、观音堂、龙光台一带。我军除固守西北区外,已向南推进至缅菁、明朗、清水、河西等乡及梁河等地。如果敌人由腾城多数出击,我军有克复腾城可能。倘敌人不敢大量出击,聚守城郊,则腾城克服,尚须稍待。

其次,参会人员又共同讨论了各司地自卫军编组事宜,并决定:腾冲边区各土司地,视其人力及现有枪械数目多寡,编组一、二路或三路,每路司令下辖二支队或三支队,每支队下分二大队至四大队,每大队下分三中队,每中队人数由八十至一百二十人编成,步枪至少是人数的三分之一。每路约等于一个旅,并先委派干崖刀保图任滇西边区自卫军第一路司令,刀保固任副司令。第二路司令嗣后再行选派。各路自卫军,以及独立支队司令以上,须以高级长官,并酌带一、二团正规军来驻扎,任纵队司令,统率训练,以期将来收杀敌致胜之效。此议定后,即与顾师长联名电请宋总司令、李监察使核示,并恳转电速发给新二十二师副师长黄翔,任纵队司令。

晚饭后,尹明德巡访了由城郊迁来的诸位好友,他们无不迫望大军速来收复腾龙。此后,又与刘梦泽一同前往拜访张县长,叙谈腾冲军民共同抗日的构想。此后五日，都在界头与预二师及腾冲县政府相关人士共谈国是，并将所得情况及时电告宋希濂和李根源。

此后，师部方主任送来宋总司令复电一件云：（一）上江乡训练自卫队事，已划归练地，应复庸议；（二）请派军事人员协助训练潞江自卫支队一节，已饬七十一军钟军长就近酌派副司令一员、参谋二员、军事教官若干员也，请转知径与该军洽办为盼等因。尹明德看完宋总司令的复电后，立即致函线光天查照办理。

书函完毕，尹明德又与方主任了解了当前敌情。方主任汇报说：据报敌兵由龙陵增援一千人，有四千人向中和乡进攻，被我军击伤约二百人，获战利品甚多，我并派兵一营赴猛连，截击敌人。

随后又与彭参谋长交流。彭参谋长云：八月十一日，拖角附近山官六七人来界头，向师部请求，愿属中国管辖，已由预二师委派充任各该村山官：左登苏（Ting Sao）任本苗（Bum Myang Vitlagc）村山官，容昌（Ying Shang）任旦戈（Tang Gaw）山官，左本昌（Bum Shang）任甘拜地（又称派赖河）正山官，左唐江（Thang Kyang）副之，赵登科（Ting Hkan）任茨竹地正山官，赵玉登（Kyang Ting）副之，左登苏并兼任拖角民众自卫队队长。

尹明德听了彭参谋长的介绍后，说："拖角一带历来属我国领土，无奈清廷衰弱，英人殖民缅甸后，即开始蚕食我国领土，被其强占。界头昔设龙江县佐，我于民国二十年勘察滇缅北界返腾时，即经其地，是时房屋栉比，人烟稠密，继于民国二十二年被焚，残毁大半，现尚未复旧观。"又指出，"当前对边地的治理，要充分调动各山官的积极性，鼓励他们把民众都团结起来，一边组织抗击日寇侵略，一边发展生产。你们当前的布置，既合民众之意，也对日后中缅勘定边界有利"。

与顾师长、张县长等人深入研究当前对敌策略后，尹明德结合当前敌人动向，决定28日从界头启程，须绕道古永，前往南甸、盈江等地宣慰各土司官。顾师长说：为保专员一路安全，顺利完成宣慰工作，拟派总部高级参谋明增慧同往各司地视察，以便将来任命各路自卫军主干人员。尹明德对顾师长的周全安排深表谢意，赞同他对今后自卫军的打算。

红骡护主勐连村

8月28日，尹明德一行于上午十时从界头启程。张问德县长、刘梦泽、李致乡、杨筱山等人都前来为他送行。为避开日军，尹明德一行行进路线如下：

界头—铅艭—成德桥—龙川江—灰窑—松山坝—碗窑街（凤仪镇）—马站街—木水河—腾冲县城—王家坝—三岔河—奎甸—老鸦山—高田村—帽奎山—新歧—感通寺—（上寨、寺脚寨）—栅房—大坝—董棕林—薄刀岭—双合村（丝瓜坪）—勐连。

9月2日，在躲避日军搜捕情况下，尹明德一行翻山越岭，绕道潜抵河西，下午七时才抵双合村（旧名丝瓜坪）。双合村居民约四十户，位莱里山之东、薄刀岭之南，村后三面皆高山，峻岭环绕，唯东面低洼，左侧为回蚌河源，东流于炳赛敛入大盈江，顺河而出，经大孟武、小孟武、新寨分路东北行，达河西乡公所芒东，东南行经勐连、邦读、通南甸、干崖各土司地。地势险要，故洪副师长以之为腾南游击根据地。敌人既在大盈江东岸平山一带，距南甸土司署遮岛甚近，仅二十余里。洪副师长听说尹明德一行到达，便派参谋唐彬前来欢迎。尹明德在唐参谋的带领下，来到洪副师长寓所吴宅会晤。在界头时未能谋面，此时于双合村相见，心中甚是欢喜。在洪副师长置办的晚宴上，洪行详细介绍了近日大盈江沿岸战争激烈状况及各土司地情形。叙谈中得知，随防前保山团管区司令赵宗贤（金召）近在河西乡芒东协助抗战，前日始到此。尹明德又前往与赵宗贤叙谈后，才回寓所（李本茂宅）就寝。当时已是夜时十二时矣。

9月3日，尹明德一行来到故乡勐连。因昨夜听说大盈江东岸战事紧急，敌人占据热水塘、囊宋关、孙家寨、平山等地，几突破大盈江防，进犯河西乡芒东。窃我军兵力单薄，防线过宽，难敷分配，易受敌威胁，各个击破，前途殊为可虑。这一天醒来后即致电宋总司令、李监察使设法增兵。尹明德在电文中指出：大盈江两岸，为腾冲富庶之区，民食军粮，均赖供给，然而现在守军薄弱。分区固守，保卫地方，则有被敌各个击破之虞；如辗转游击，则民不堪命，且人力物力，势将资敌，影响我军作战甚大。伏乞加派有力部队，来腾驻守。如命潞江守备部队，以一部渡江夹击，则克复腾冲，易如反掌，如何伏乞核夺。又散居腾北贫困侨胞千余及腾龙无家可归之难民五万余人，均啼饥号寒，极人世之惨，乞转请中央迅拨巨款赈救。尹明德爱国爱乡之情由此电文尽可看出。然而，当时国际国内形势，尚不具备反攻腾龙的条件。宋总司令与李监察使收到电文，也只能作为战时情况的一个报告。

尹明德的老家勐连村距离双合村仅二十余里，发完给宋总司令、李监察使希望设法增兵的电文后，尹明德于本日下午经大小孟武、新寨等村前往勐连老家。勐连距战区十余里，为防日军偷袭，关连长派出一个排的兵力随行护卫警戒，傍晚时分才到达家中。因日军入侵，虽尚未过大盈江以西，但村民为避战乱而四散流离，村中所剩人员甚少。因见部队前来，个个都躲入家中，或是往山林里藏匿起来。尹明德家里也如此，仅有其二弟尹俊德（述尧）一人在家里照料，其余老少妇孺都因战事紧急，已疏散至距此二十里之外的杨堂村。多年别后今又重逢，弟兄两人相拥而泣，长叙亲人离散之悲苦。

这一天夜晚十二时许，洞西乡长江春渭（兆熊），与壮丁队长侯受安（辅国），闻听尹明德回到故乡勐连村的消息后，连夜前来拜会，并告知他大盈江东岸之敌昨夜分路向勐连及腾城撤退的情况。

9月4日晨九时许，第一区区长熊廷和（韵生）、第三区区长江如溁（汇川）来访，详谈当前大盈江流域激战情形，并谓河东方面，赵宝中（树人）率领的自卫队百余人，作战勇敢，尾敌追击，克复孙家寨、囊宋关等地，使敌疲于奔命。继平山失陷，宝中率队退守九保，敌未敢追。热水塘、囊宋关之敌，屡次企图渡大盈江进攻河西芒东，区长江如溁、乡长江春渭、徐品正，壮丁队长侯受安、尹培卿等，率领壮丁，协助国军，日夜沿河固守，幸未突破，河西全境，赖以保全。尹明德听到这些情报后，已知当下时局之艰难，即使第十一集团军增兵腾龙也难以解决眼前之急。他心中想，当下之危局，只有充分调动各土司率领民众奋起抗日，才能得以缓解。要想尽办法把民众的抗日热情调动起来，有组织地开展抗日救亡活动。

这一天，前来探望的乡亲众多，尹明德除了与他们畅叙别情之外，借此时机向他们宣讲抗日救国保乡的使命、责任与策略。当然，尹明德也知道，此番宣讲不过是激发民众的激情，他们需要有统领的人组织，还要有足够多的武器装备。此后，他与陇川土司多永安（靖之）的胞弟多永清（澄之）、猛卯土司代办方克胜（善之），派土幕沈家槃（荣陔）晤谈时，就一再强调要站出来组织民众。当晚八时，赵宝中大队长、南甸司地邦角山官尚自贵同来相见。尹明德分别与之详谈组织带领民众奋起抗日的必要性和应有的战术策略。随后，尹明德前往小勐武会见预备第二师洪行副师长，将上述想法和其交流，深得洪副师长的赞同。

尹明德深入河西一带宣传并鼓励、发动民众积极投身抗日活动的消息被探子得知，报于驻梁河县的日寇，而且，近一段时间来，各地抗日游击运动给日军带来了不小的麻烦。这令大盈江东岸侵驻在遮岛的日军甚是愤怒，为防止尹明德潜入遮岛进行宣慰，即派出大队人马到九保镇对爱国抗日志士赵宝忠、赵宝贤弟兄家进行疯狂的报复性洗劫，并将其新家浇以汽油烧毁，抢走了10多匹骡马，其中有匹红骡名叫"邦读红"，长势高大、膘肥毛亮，被日寇西田少佐占为坐骑。日军的暴行在当地人民心中产生了极大的威慑，滞留于九保镇的村民闻此讯息后，都纷纷拖家带口逃离九保镇。

不几天后，一个名叫西田的日军少佐骑着从赵宝中家抢来的"邦读红"，率领百余个鬼子兵前往尹明德的老家河西勐连村扫荡，妄图对尹明德的抗日宣慰活动进行报复，并抓捕驻扎在勐连老家的尹明德。

河西一名是因为此地位于大盈江西岸。大盈江源，一出腾城之东黄坡，为饮马河；一出东北赤土山，流经罗坞塘，为马邑河；一出干峨澄镜池及集鹰山之龙潭，合流而为马场河。诸水汇流而为大盈江，经城西流经叠水河，断崖数十丈，飞瀑直下，宛如披练，又名龙洞垂帘，其景绝佳。南流至和顺，纳芭蕉溪。至小河底，纳经绮罗忠孝寺及罗苴冲之老羊河。至囊烟，纳缅菁河及勐蚌河会流之银厂河。再下，右纳河西乡之南庆河、万林小河、回蚌河、万幸小河、来发河、万发河、孟颂河、南京沟；左纳清河镇之喇叭河、囊宋河及梁河之小梁江（又名囊磹河）、浑水沟。至干崖新城，汇由古永、盏西来之槟榔江。至莲山太平镇北，纳盏达河。由此以南，又名太平江。再南行，左纳古里卡河，右纳南奔江（又名红蚌河），皆滇缅交界也。入缅境，左纳洗帕河，于八莫西北入大金沙江（又名伊洛瓦底江）。有此大河阻隔，且河上桥梁在日敌入侵时，已被村民损毁，日军一时也难以强渡，更何况自五月开始进入汛期，河水泛滥，江流汹涌，需以竹筏载渡。而江东村民又多数逃离，难找船工。偶有能渡的村民，却宁可一死也不愿为日敌所用。

日军入侵步伐一天天加快，也学当地人砍毛竹来扎成竹排，小心翼翼地在大盈江上横渡。但江水十分汹涌，非有特殊任务，日军不敢轻易横渡。

日军西田少佐所乘"邦读红"是一匹高大的红骡，是赵宝中家从邦读村买来的。从遮岛横渡大盈江到勐连村必经邦读。当这伙鬼子兵行至赖筏寨后，因邦读红识途恋家，连打几个响鼻，即向着邦读村方向急驰狂奔。西田少佐受不了邦读红的折腾，从其背上摔了下来，但一支脚勾绊在马蹬上，怎么也脱不开，活活被拖着跑。待其他日军赶上时，西田少佐已气绝命断了。日军认为出师不利，恐遭更大的灾祸，慌忙抬着西田的尸体，返回大本营。勐连村也为此而免遭一场劫难。从此，在尹明德先生家乡一带有"红骠拖尸日本鬼作鬼,菩萨保佑尹明德有德"的佳话流传。对此,李根源先生在《腾冲战役纪事诗》中有五言绝句一首:"红骠亦神物,毙敌报主恩。非尔奋大勇,火烧勐连村。"对于尹明德冒着被日军抓捕的生命危险,深入敌占区宣传发动各土司山官组织民众积极抗日,李根源也作诗高度赞扬了尹明德的抗日爱国行动:"行人尹明德,持节入战地。编抚各土司,宣扬无戎意。"

南甸宣慰龚印章

因深感时局的危急,9月5日一大早,为防止日军的突袭,尹明德在随同人员及护卫的保护下,经邦读、来发、沙沟等村渡大盈江,以竹筏载渡。又渡过小梁江。下午二时许,抵遮岛,入住大佛寺。晚八时,尹明德偕黄课长、王秘书往司署宣慰,与南甸宣抚使司老土司龚绶(印章)及其子统政(敬业)见面。

龚绶(1891—1969),傣族,原名刀樾椿,字印章,乳名宝琛,光绪十七年(1891)生于遮岛,光绪二十九年(1904)刀定国因"小邦杏28条人命案"被革职,年仅12岁的龚绶奉清政府陆军部文号袭宣抚使职。民国元年(1912),李根源统兵莅腾拟推行"改土归流"计

龚 绶

划,龚绶为表示"与汉族合作",呈文李根源将全族由刀氏改为龚氏,龚绶名由此始。南甸历代土司均与边疆各土司联姻,在政治军事上互相支持。

这样一位有影响力的土司,如果为敌所用,则抗日大计将增加万重困难。因此,尹明德十分重视对龚绶父子的宣慰、安抚。见面寒暄后,尹明德致词说:"中央政府与委员长,对各土司及边地同胞,深为垂念关切,腾龙沦陷后,尤所轸念,故特派余代表前来抚绥慰问。在此抗战期间,望各司官一致奋起,率领边民,协助国军,歼灭倭寇,保我疆土。南甸宣抚司食茅践土,世受国恩。必能策动民众,与国军共同努力,完成抗战建国大业。现第十一集团军宋总司令、云贵监察区李监察使,均驻节大理,筹划加强武力,以期早日收复腾龙,进攻缅甸,对各土司及边地同胞,亦甚怀念。"接下来,他没有采取对潞江土司线光天的方式宣读相关书函,而是把书函一一呈给龚绶,并一一进行解读。一边解读,一边与他分析国际国内形势,消除了他对"改土归流"政策的误解,激起了他滚涌的爱国热血。随后又把宋希濂与李根源联衔所书之"为国干城"匾额赠予龚绶父子,还将宋希濂总司令所赠的机枪一挺、子弹两百发颁给土司。

土司龚绶感激不已,答曰:"南甸宣抚使自世袭以来,已二十余代,绶承袭亦数十年,无时不小心谨慎,效忠国家。此次腾龙失陷,龙监督纯武离腾赴省,梁河设治局长李耀庭(国贤)及新任杨之翰未经交代,亦均离境,诸事无所秉承,乃自行组织保安会,维持一切,幸渡难关,地方无事,今国军逐渐推进,梁河有封局维德(少藩)负责,当仍本初衷,决心追随国家抗战,即任何牺牲,亦所不惜,因效力国家抗战而牺牲,实有代价也。"尹明德听后十分欣喜,言辞中极尽对龚绶的嘉勉之意。继而询问南甸司户口收入并枪械情形。龚绶答曰:"所属有汉人约五千户,山头野人三千户,摆夷二千户。步枪三十余支,惟子弹甚少,每枪仅五六发,补充颇感困难。司署每年收入租谷二万余箩(每箩约三十一市斤),较之干崖、潞江两司署年收二十余万箩者,相差甚远,故南甸司署经费颇感拮据。"

针对南甸土司署枪弹缺乏、经费拮据的现状,尹明德说:"枪弹缺乏,如能由中央补助一部分,自然最好,司官的武装力量也会因此而强大。然而,当前时局维艰,全国抗战处于最关键时刻,各方压力都很大,各地抗战都需要大量的战略物资。南甸司署组训民众,补助抗战,不必一定有枪弹,方能效力,如运输救护、传递情报、担任向导、筹集粮秣等,皆需民众帮助。"

龚土司听后云:"一切牺牲,在所不辞,自当及其力之所及,遵命办理。"

第二天上午十时,南甸土司幕僚唐之栋(柏庄)来访,首先介绍了南甸宣抚使的简况:龚氏,原籍江南应天府人,明初赐姓刀,正统八年,刀乐硬以征麓川功,升宣抚使。清康熙元年(1662),刀呈祥投诚,仍授宣抚使世职。传二十七世至刀槭春，于民国元年（1912）呈请改还龚姓，更名绶，即龚司官印章。三十年二月，龚司官因年老多病，呈请告替，以长男统政承袭。然实权仍在龚绶手中。龚司官原配为干崖土司刀保图之妹，娶未久病故，继配为芒市土司代办方克光族妹。弟一人名龚绂（仲玺）。长子统政曾赴昆明南菁学校肄业二年，娶陇川土司多永安之妹。次驭政。女八：长女适多永安，次女适遮放土司多英培，三女适英培弟护印，四女适户撒土司赖奉先之子，五女许字猛卯小土司衍景泰，余三女尚幼。然后又介绍了自日敌入侵以来，南甸人民在龚司官的带领下抗击日寇的情况，同时还携来龚司官与其子龚统政上呈委员长、宋总司令、李监察使的电文内容，请求代为拍发。即刻为其发送如下电文：

总司令宋、监察使李钧鉴：

尹专员、黄科长微日到达职司，转钧谕及委座未东侍秘代电，饬偕边民振奋杀敌，自应遵办。又奉军政部赐手提机枪一挺，匾额一方，拜领之下，感戴莫名。此次敌军犯边，腾龙沦陷，虐我边民，深刀剥膊之痛。我司世受国恩，同仇敌忾，当仰体德意，誓死抗战，与疆土共存亡，期副殷望焉。谨此电呈，伏乞钧鉴。

南甸宣抚司龚绶率世袭统政叩（鱼）

下午四时许，封维德局长来晤，详谈梁河近来设施困难情形。尹明德知道，南甸土司地，昔设八撮县佐，隶腾冲县，民国二十一年（1932），改称梁河设治局，以备设县。前局长李耀庭、新局长杨之翰，正待交待之际，腾龙沦陷，即弃职离境，成无政府状态。第十一集团军宋总司令，乃派封维德任局长，组训民众，筹集粮秣，协助国军，保卫地方。针对这些情况，尹明德说："值此敌人压境、国难严重关头，所有兴革事宜，希与龚司官及地方人士和衷共济，开诚商办，余将转告龚司官尽量协助，一切尽可放手去做。"封局长听后连连称谢。

9月7日上午十时，为激发官兵的抗日情绪，尹明德召集护卫队全体官兵于大佛寺前门训话，他说："余奉命代表蒋委员长到腾龙边区宣慰各土司，承顾师长派吴连长率本连官兵随行任警卫之责，余甚为感谢，值兹敌人蠢动之际，各官兵理应加入作战，但到各土司宣慰，策动民众组训，亦为抗战工作之一，其代价或较在疆场杀敌为重。果能将各土司及民众策动一致奋起，与国军配合作战，则于抗战前途，裨益极大。此行工作既如是重要，故余对各官兵身体健康甚为关切，希各官兵特别注意，所有水果生冷之物，切忌饮食。饭食勿过量，勿昼寝，夜间睡眠无蚊帐者，应以衣物毯被盖身，勿使蚊虫侵扰，致染疟疾。所经各土司地，虽较炎热，各官兵能注意卫生，则疾病自少。……"在场官兵群情激愤，誓言杀敌报国，勇往直前。讲话完毕，尹明德与全体官兵合影留念。

十一时，石婆坡隘抚夷尚自贵（子和）来谒见尹明德时说：此次大盈江东岸之战，奉调率部属汉人山头百余人前来助战，到遮岛后，敌人即由平山、囊宋关退去，未曾与敌接战。继吴心庄团长拟命职率部往勐连附近追击敌人，但所部未经训练，且离乡过远，粮秣缺乏，已向吴团长申明不能前去，刻经全部开回遮岛，日内返邦角，恳代向洪副师长说明苦衷。尹明德听后，要求尚自贵以所部系南甸司自卫队，如附近有战事，应竭力协助国军，歼灭敌人，保卫乡土。至于远调作战不宜的这一层意思，他允诺转告洪副师长。尚自贵接着说：如在南甸司附近作战，随调随到，绝不推辞。尹明德听后大加赞赏。

下午一时，龚司官偕其幕友唐柏庄及弟龚晟（月清）来大佛寺回拜。尹明德向他们了解了南甸司属的生产生活情况，以拉家常的方式，进一步融洽了与龚绶父子的关系。为此行宣慰、安抚工作打牢了感情基础。

下午三时，尹明德率领黄科长、王秘书前往遮岛北五里许之九保镇，到赵宝中、杨育榜两自卫大队向全体游击队员抚绥宣慰。尹明德首先陈述了代表委员长宣慰各土司及边民的大概意思。然后讲述了腾冲西、北、南各区之所以尚未沦陷，全得国军预备第二师进驻，与敌屡次作战，始得保全。他要求：各地民众应速奋起，组织自卫队协助国军作战，保卫乡土；应知救乡即所以救国，保乡即所以保家，如不将敌寇击退歼灭，家与国均无法保障安全。接着，他讲述道：目前大盈江东岸孙家寨、囊宋关一带,赵大队长率所部尾随敌军攻击,使其不得安息,卒将敌人击溃,已收自卫队配合国军作战效果。望各自卫队今后愈加努力,切实训练,俾成劲旅。我军事当局,正加强武力,以备收复腾龙,配合盟军进攻缅甸。希望大家振奋精神,将来协助大军,歼除倭寇,以争取抗战史上光荣之一页。在九保赵金台君宅晚饭后,已下午六时许,因与洪副师长商洽梁河自卫军事宜,赶回宅一宿,以便与洪副师长谋面。抵勐连,已八时,即缮函专人送小勐武与洪副师长商询其意,并约其明天来宅一谈。

尹明德知道,梁河设治局所属南甸土司地,汉多夷少,自卫队如汉夷集中于一人统率,殊感不便。于是,他计划以龚绥任滇西边区自卫军第二路司令,指挥其子统政及尚自贵两大队;前团管区赵司令宝贤任第三路司令,指挥其弟宝中及杨育榜两大队。然而,洪副师长因堕马伤足不能来宅晤谈,只能将此想法以书函方式呈给他。洪行副师长看后,函复表示同意。随即返遮岛电宋总司令核示。以便早日发表编组,树立梁河一带自卫力量。

9日晨,尹明德接到宋希濂总司令复电:兄此次以爱乡国精神,不避艰险,深入敌后,协筹一切,至堪钦佩。潞江守备队,已饬抽派一部,向龙川江一带游击。救济侨胞难民,动需巨款,当电转中央请求等语。又接到顾葆裕师长电云:各司自卫军编组事,请衡核早日决定,径电总部请示。拖角、罗孔续有山官来见,已电请总座印公,将片马、拖角一带划属腾冲县,兄处如有熟悉该方情形人员，请为推介，以便派往联络等语。

此后，又接到第十一集团军总司令宋希濂的复电：滇西边区自卫军第二、三两路司令，准照所请委任龚绶、赵宝贤分任，即转饬迅速编组成立，将人马械弹具报。

军民联合宣慰功

在南甸完成对土司官龚绶的宣慰后，尹明德又冒着被日军抓捕的危险，前往盈江对各土司进行宣慰。9月18日，在盈江新城干崖土司署召开的"九一八"国耻纪念会上，尹明德进一步动员参会土司坚定抗日信念，以实际行动拥护抗战，积极组织训练民众，配合大军，保卫疆土。

随后，尹明德先后对腊撒、户撒、盏达、陇川、勐卯、果敢、耿马、孟定等土司进行宣慰，又北上对六库、勐角董等土司进行安抚。

滇西各土司在尹明德的感召与引导下，积极组织地方武装，开展游击作战，给日军以不间断的骚扰与打击，以实际行动证实了尹明德宣慰工作的成果。同时，他们还纷纷致电（见附录）云贵监察使李根源或第十一集团军总司令宋希濂，表达自己对国家的忠心和坚决抗日的决心。

六库土司段经说："此次倭寇深入，凡我边民，无不眦裂发指，幸悉纶巾羽扇，五月渡泸，则荡平丑虏，收复失地，当在不远矣！"

果敢土司杨文炳："文炳自愿统率果敢全民，一心一德，在我公领导之下，抗战卫国。"

耿马司官罕裕卿、孟定土司罕万贤："日寇侵我，凡属国民，莫不发指。裕卿、万贤守土有责，杀敌御侮。"

勐角董土司罕富民："职司获在管辖之下，从事抗战，曷胜欣幸。"

勐卯方克胜、陇川多永安："此次边区不幸，被寇侵扰，凡属人民，靡不同愤。"

干崖土司刀保图："图世受国恩，虽肝脑涂地，分所当然，唯有鞠躬尽瘁，死而后已耳！"

泸水设治局长刘公度率属六库土司段承经、鲁掌土司茶光周、登埂土司段承钺，老窝土司段承恭、卯照土司段赓华："职等或衔庸重命，或世守边疆，保乡保国，责无旁贷。除已将率绅民枕戈待敌，前奉委座电谕，并派尹专员莅境宣慰，敌忾同仇，益知奋勉。"

湾甸土司景寿庄："职家世受国恩，当此敌军压境，敢不竭忠效命。谨愿率全司民众，追随杀敌。"

滇西边区自卫军第一路司令刀保图、干崖宣抚使刀承钺、腊撒司盖秉全、户撒司赖奉先、盏达司思鸿升："保图等惟有失忠效命，努力杀敌，以副钧座廑念边民之德意。"

在尹明德的努力宣慰下，得到中国远征军第十一集团军的认可、任命与支持,滇西沦陷区各土司和民众纷纷组成抗日游击部队,协助中国远征军滇西游击队打击日军的嚣张气焰,有力地牵制了日军,对怒江以东的防御发挥了重要作用,也为1944年5月11日开始的滇西大反攻的胜利奠定了坚实的基础。

(1)大盈江和槟榔江地区的抗日斗争

大盈江和槟榔江中、下游三角地带的干崖、南甸、盏达、盏西、莲山、户撒、腊撒、陇川和瑞丽江畔的勐卯等地,是傣族、景颇族、阿昌族等民族土司或山官统治地区。日军侵占怒江以西地区后,大多数土司从国家民族大义出发,积极支持和配合远征军抗战。

刀京版

在这些土司中,影响较大、实力较强的有:干崖刀京版、南甸龚绶、陇川多永安、盏达思鸿升以及勐卯方善之(以上傣族)、腊撒盖炳铨、户撒赖奉先(以上阿昌族)等人。他们都拥护抗日,积极开展游击战。其中,干崖住地较大,主要是今盈江县新城和旧城地区。干崖土司刀京版在日军侵占滇西时,即组织"滇西边区自卫军",辖四个大队,刀被远征军第十一集团军任命为少将参议、滇西抗日游击队第一路司令,在大盈江下游地区开展游击战。南甸土司龚绶,联合陇川土司多永安组成三个大队,被任命为滇西抗日游击队第二路军司令。南甸汉族士绅赵宝贤、赵富贵组织的武装为第三路军,赵宝贤为军司令。刀京版为抗日,毁家纾难,到抗战胜利时,家里一贫如洗。

此外,在大盈江西岸的平原和山区,即今盈江县本部中缅边界地带还有一些汉族、景颇族、傣族等民族组成的抗日游击中队,其负责人是:太平街士绅刘金生、蛮允小学校长许本和、昔马士绅寸时金、盏西神护关李祖科、杨成秀、孟守义、戈定邦。经预二师联络后,刘金生、许本和、寸时金三个中队,全组成滇西自卫军莲山独立支队,任命腾冲人明增慧为司令,隶属第十一集团军总部。李祖科、杨成秀、孟守义、戈定邦四个中队合组成盏西独立游击大队,由预二师参谋吴祖伯任大队长。

1943年2月,当日军围攻大盈江和昔马山区,寸时金中队与敌激战两昼夜,后明增慧率军支援,两队夹击,重创敌军。同年3月,许本和中队在铜壁关山区与敌周旋,牵制了敌人的兵力。1943年10月,中美英组织缅北反攻,寸时金、许本和中队得到盟军的武器物资支援,对敌开展游击战,打击敌人,积极配合了远征军的反攻战。

(2)龙潞地区的抗日斗争

昆明行营派第60军副官主任常绍群为副司令兼潞西设治局长后,朱嘉锡的部队日益壮大。1942年10月常由昆明前往游击区,沿途招安绿林武装200多人,队伍再度扩大。朱、常对游击队进行了整编,编为二个大队;以后又争取土司武装,组成第三大队,打击叛国投敌的勐戛土司，在三台山进行伏击战，队伍发展到400多人。

在腾冲和龙潞区游击战影响下，潞西遮放组织起300人的"潞西青年救国团"，袭击伪政权和维持会。1943年2月，支队扩大游击范围到南甸（今梁河）和腾冲，转战到大盈江下游，扩大为游击总队，更大地打击了敌人，扩大声威。

1944年5月11日，中国远征军发动滇西大反攻，游击总队划归第二十集团军指挥，常绍群任第二十集团军第一纵队少将司令，下辖五个支队（其中一个为缅北支队），配合远征军反攻作战。特别是松山和腾冲光复后，游击纵队负责阻击向龙潞以南逃窜的日军。其中第二支队配合中国驻印军向八莫日军进攻。

1945年初，滇西缅北大反攻胜利，游击队接受改编，常绍群为少将高级参谋，2000余名官兵空运贵州独山，参加对日作战。

（3）泸水潞江地区的游击战

"福碧泸练自卫队"在怒江以西泸水、片马等地开展敌后游击战，得到当地傈僳族、景颇族等族民众的拥护和支援。突出的是1943年秋游击队打击到六库烧杀抢掠的日军，300多日军大部分被消灭，将日军始终挡在怒江西岸。支队组织当地民众坚壁清野，人自为战，消灭分散的敌人，为滇西反攻战进行了必要的准备。段浩带着承担司令部长一大队的开支，倾其存谷储金，家产荡尽。

1942年8月，外交部专员尹明德到大塘子慰问潞江土司线光天后，第十一集团军委任线光天为滇西边区自卫军潞江支队司令。接着线光天组建自卫军支队，下辖线永命一大队和王祖荣二大队。自卫支队除协助国军和其他游击队作战外，还单独在坝湾、跑马山等地伏击日军，缴获地图、抓获俘虏、搜集情报，为部队运送粮草；组织100多匹骡马，抢运粮食30万箩（每箩33斤）支援部队。在坚持敌后斗争中，线光天负责自卫队全部200多官兵每月所需费用，到反攻胜利前夕，其财力罗掘殆尽，甚至连家属的首饰金镯都已变卖一空。

段浩、线光天为抗日毁家纾难的义举受到云南省主席龙云和第十一集团军总司令的高度评价。

（4）阿佤山区军民的抗日斗争

阿佤山区包括临汾地区的镇康、耿马、沧源地和双江以佤族为主的少数民族聚居区。这里有班洪人民抗英斗争的光荣传统。

日军侵占滇西后，中共党员江枕石到阿佤山联络思普爱国人士罗正明、缅甸爱国华侨尹溯涛、中共党员李晓村等组织抗日游击队。经李根源引荐，第十一集团军总司令宋希濂任命罗正明为南阿佤山区自卫支队司令，下辖二个大队，队员以佤族和傣族为主，大中小队长皆为当地土司和头人担任。

1942年9月，宋希濂又派高参张振武率一个特务连到耿马组建耿沧支队，下辖耿马、孟定、勐董三个大队和一个特务连，共500人。

1943年9月，耿沧支队和南阿佤支队合并为阿佤山游击支队，以张振武为总司令，下辖三个大队，共1000余人。

1943年10月，班洪王胡忠华到昆明拜见省主席龙云，龙云委其为班洪守备司令和班洪自卫支队指挥，并赠予枪支200支、子弹3万发。胡返回后组建班洪自卫支队，辖南腊、班老、班洪、岩帅等6个支队，共计200多人，队员绝大部分是佤族。

阿佤山区抗日的游击队与敌人展开了一系列斗争，其中著名的有：中缅边境金厂坝、征蛮战斗，歼敌60余人；孟定围歼战，激战三昼夜，歼灭日军数百人。

11月，慰问滇西各土司完毕后，尹明德又回大理云贵监察使行署助理滇西抗战事务，尽力抚战。

滇西战局进入中日两军隔怒江对峙后，经李根源和宋希濂向重庆军委会申请，在大理成立了"国民党军事委员会滇西战时干部训练团"，干训团招生对象为沦陷区及滇西各县具有初中、高中文化的青年。尹明德与李根源、张凤歧、陈复光等人亲自授课，讲述滇缅边疆有关政治、经济、交通概况。干训团共创办两期，学员达2000余人。干部训练团学员毕业后，有的被分配至排连任官长，大部分按原籍被分派到滇西各县做地方工作，小部分被派往滇西边境各县发动民众，加强地方武装，协助国军作战。干部训练团培养了一批军政骨干，保证了滇西大反攻的胜利。

1945年1月20日，畹町光复。与此同时，南甸、开崖、盏达、陇川、勐卯、户撒、腊撒、勐板等土司地在我民族上层武装及自卫军开展敌后游击战的基础上，全部光复。至此，边区抗日战争胜利地完成了光耀千秋的历史任务，参加战斗的民族上层和爱国人士也随着战争的胜利完成了他们的使命而被载入史册。尹明德为抗日战争所做的贡献亦将永载史册。

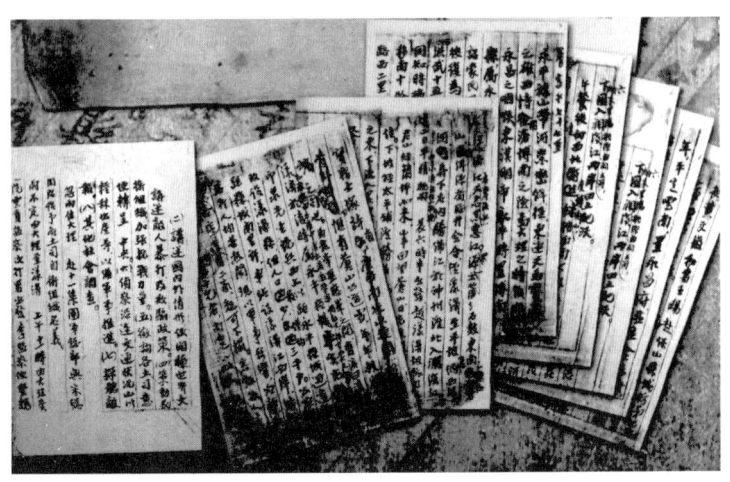

宣慰日记手稿1

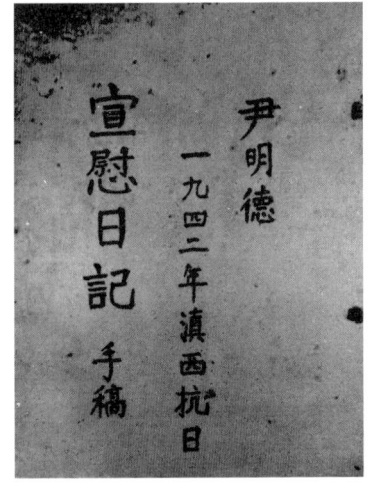

宣慰日记手稿封面

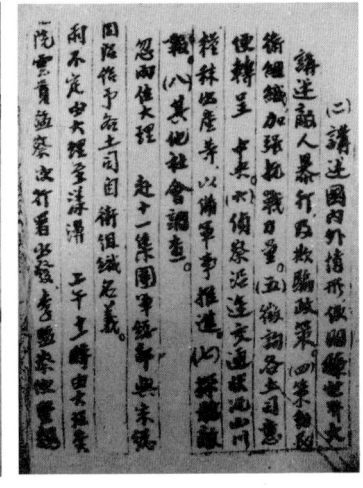

宣慰日记手稿2

第四章　参政事不忘桑梓

滇西抗战胜利后，尹明德被推举担任腾冲善后委员会主任，组织民众重建家园。他积极参与国殇墓园的建设，发展边地职业教育，协调保腾公路的修建事宜，编述完成了《中缅界务交涉汇编》。1957年10月1日，尹明德受邀到天安门检阅台观礼。此后，他积极投身《云南文史资料选辑》的编撰工作。1971年11月25日，尹明德在昆明病逝。

腾城光复理善后

1944年5月11日，在中国远征军司令官卫立煌将军率领下，8个军5万中国健儿，在美国空军的支援下，在怒江150公里的12个渡口，同时发起反攻。1944年9月14日，中国远征军在滇西反攻取得了重大胜利——收复了边陲重镇腾冲。自1942年5月10日日军侵入腾冲，占领腾冲城，到1944年9月14日中国远征军收复腾冲，历时839天。

腾冲战役自横渡怒江至克复腾冲县城，经大小战斗80余次，历时4月有余，共俘日军官4人、士兵60余人、营妓18人，击毙敌少将指挥官及藏重康美大佐联队长以下军官100余人，日兵6000余人。中国军民及盟军亦付出了重大牺牲：远征军阵亡军官493人、士兵8178人，地方军497人，共9168人；腾冲民众随军作战及赴义死难者6400人，美军阵亡将士19人。

此后，在昆明、大理、下关、保山等处的同仁推举尹明德、刘楚湘、李道卿等六人为慰劳团代表，赴保山、腾冲慰劳远征军各部队。其间，尹明德、刘楚湘等人共拟电致云南监察使李根源先生，说：腾冲沦陷，两载有余，敌人暴行，民众痛苦，惨不忍言。今年五月，国军渡江反攻，冒暑远征，与敌鏖战，前仆后继，卒于九月十四日克复腾城，旅昆旅榆旅关旅保各地腾人遽听捷音，无任欢悦，谨将腾冲县城内外此次炮火毁灭情形及两年以来敌

人在各乡村烧杀状况电呈钧使,敬恳转请中央速拨巨款予以救济。概要如下:

(一)腾冲城反攻战,将顽寇全部肃清,收复城池。但城内屋宇,尽成粉碎,夷为平地,一片瓦砾,计毁公署、学校、庙宇二十余所,民房三百余户,铺面四百余间,半毁公署、学校、庙宇五十余所,民房四百余户,铺面六百余间。(二)腾城沦陷期间,预备第二师和三十六师先后在腾冲组织游击战,与敌往复冲杀,各乡村被敌焚烧者四十余处,计毁灭两千数百户。(三)各次战役被敌焚毁乡村以及城区毁灭无家可归,饥寒交迫,嗷嗷待救难民,为数甚巨。(四)预备第二师、三十六师在腾游击期间,腾冲民众因补助作战阵亡及被敌屠杀者,综计两千七八百名。此次反攻腾城,民众协助作战阵亡者三百余名。由江苴至户帕一线运粮民夫死亡者八百七十名。由腾城至禾木树一线运粮民夫死亡者二百名。(五)腾冲原有省立中学一校,县立女子中学一校,男女两等小学各一校,乡立中学一校,城立男女小学十校,各乡镇两等小学及初等小学共八十余校。自沦陷后,师生逃避全部停顿,城区及西北各区中小学校舍,以及县立图书馆、民众教育馆,全被毁灭,仪器图籍散失无存。(六)腾冲为敌蹂躏两载有余,人民辗转流离,百业颓废,难以聊生。(七)腾冲本年各乡镇农事栽插正值大军反攻,民夫征调协助军事,对于西北两区各乡镇稻田秧苗,有未及栽插者,其他已栽插者,水浆除草等工作不暇兼顾,影响禾苗发育甚大，秋收不佳，来年粮食缺乏堪虞，灾户穷民尤难维生。（八）腾冲运输物品，纯赖骡马驮载，敌人来后，强迫搜用在一万匹以上，民间马匹劫掠一空，现时运输，皆须民夫负担，民力实已万分竭尽。又鸡猪牛羊，亦为敌搜刮净尽。

慰劳团在保山、腾冲慰劳完毕后，尹明德被腾冲人士推举协助处理善后事宜，并担任腾冲善后委员会主任。尹明德又投身到重建家园、恢复生产、救死扶伤等繁重的工作中。其中一项重要工作就是参与修建腾冲抗战烈士陵园。

为了让人们世代不忘国耻家恨，永远记住烈士的英名，腾冲光复后不久，云贵监察使李根源和第二十集团军总司令霍揆彰首倡为烈士建立陵园。1944年11月16日，"腾冲阵亡将士纪念建筑委员会"在腾冲成立，推举霍揆彰为主任委员，李根源为副主任委员，集团军少将高参孙啸凤具体负责工程的监

刘楚湘

修。协修的地方官绅有腾冲县长刘楚湘、腾冲善后委员会主任尹明德，以及刘绍和、董友薰、董传士、张鹏图、谢树楷等11人。

在选址问题上，尹明德建议在腾冲县城西南来凤山麓，一座海拔1662.7米的圆形小山——小团坡。此地在原

滇西军都督府西边，后有来凤山战役遗址，而西北又紧临叠水河。墓园的建成，方便民众前往参观谒拜。此提议经第二十集团军总司令霍揆彰的亲自勘定。1945年1月2日，霍揆彰主持召开纪念建筑委员会专门会议，决定筹集建筑基金的两大主源：一是分头向社会募捐，此一款项主要由腾冲善后委员会主任尹明德负责落实；二是没收敌伪逆产和附敌人员的罚金，此一款项由腾冲军政府负责。1945年1月15日，国殇墓园建设工程正式开工，于上午九时举行破土奠基典礼。

陵园整体建筑布局设计仿南京中山陵，以中轴对称、台阶递进形式，设计图样由纪念建筑委员会审核确定。主体建筑包括：远征军第二十集团军光复腾冲阵亡将士纪念塔、忠烈祠和墓园大门。纪念塔与忠烈祠之间是相对高度31米的小团坡，以塔为中心，辐射状地把坡体分为六个等分，每个等分都代表一个师，密布着墓碑。墓碑上书阵亡将士的姓名和军衔，碑下葬有该人的骨灰。整个烈士冢共立墓碑3346块，其中包括战死的援华美军人员。

陵园的名称，也经过几次讨论。2月14日，李根源奉命自重庆回滇西办理战争善后事宜，听取了纪念建筑委员会建陵园的进展情况报告后，提出"将9月14日腾冲光复日定为'重光节'，每逢此节日，全县人士均以菊花献英烈"的建议。在这次讨论会上，李根源先生提出了"国殇墓园"这个名称。腾冲善后委员会主任尹明德当即吟诵道：

"操吴戈兮被犀甲，车错毂兮短兵接。旌蔽日兮敌若云，矢交坠兮士争先。凌余阵兮躐余行，左骖殪兮右刃伤。霾两轮兮絷四马，援玉枹兮击鸣鼓。天时怼兮威灵怒，严杀尽兮弃原野。

"出不入兮往不反，平原忽兮路超远。带长剑兮挟秦弓，首身离兮心不惩。诚既勇兮又以武，终刚强兮不可凌。身既死兮神以灵，魂魄毅兮为鬼雄！"

李根源说："明德吟诵得是。我提出的这个名称，正是源自屈原《九歌》中的《国殇》一诗。这首诗是祭祀保卫国土战死将士的祭歌，歌颂了将士的英雄气概和壮烈的精神，对雪洗国耻寄予热望，抒发热爱祖国的高尚感情。"

尹明德接着分析指出："在《小尔雅》中，'殇'意指无主魂。"又说："男女未冠（未成年）而死者，谓之殇；外死者谓之殇。"尹明德呷了一口茶接着说："在众多牺牲的远征军战士中，大多为保山以外的，其中不泛未成年者。同时，'国殇'一词，更能显示出对为国牺牲者的敬仰之情。"尹明德的分析深得李根源先生和霍揆彰总司令的赞许。与会的各成员也都表示赞同。国殇墓园这一名称遂得以确定。

1945年3月25日，举行忠烈祠上梁仪式，各项工程紧张有序地进行着。忠烈祠，古已有之。建立祠堂是表扬先人、进行传统教育。忠烈祠最早可以溯源到3000多年前，轩辕、大禹的祠堂属于忠烈祠，唐代以纪念死难的开国元勋和功臣。国民政府于全面对日本抗战之前，即有设祠奉祀烈士的规划。1936年，国民政府军事委员会公布《历次阵亡残废受伤革命军人特别优恤办法全案》，其中正式提出《各县设置忠烈祠办法》。1940年由蒋中正指示，国民政府公布《抗敌殉难忠烈官民祠祀及建立纪念坊碑办法大纲》《忠烈祠设立及保管办法》。所奉祀对象涵盖自辛亥革命以来，北伐、剿赤等抗敌烈士，然以当时情势，实以抗日牺牲官民为主要对象。国殇墓园里的忠烈祠具有古代祠庙建筑的风格，面阔五间，重檐歇山顶，四周设回廊。根据规划，忠烈祠上檐下悬蒋中正题"河岳英灵"匾额；祠堂正门上悬国民党元老、大书法家于右任手书的"忠烈祠"匾额；祠内外立柱悬挂何应钦及远征军二十集团军将领的题联；走廊两侧有蒋中正签署的保护国殇墓园的"国民政府军事委员会布告"，二十集团军总司令霍揆彰的"腾冲会战概要""忠烈祠碑"等碑记；祠内正面挂孙中山像及遗嘱，两侧墙体嵌阵亡将士题名碑石，共9618人。

6月，军政当局根据墓园建设工程进展情况及政治上的需要，决定在7月7日卢沟桥事变八周年纪念日这天举行纪念抗战八周年、国殇墓园落成和公祭抗日烈士大会，并在这天组织一次规模盛大的"七七"献金活动。腾冲县政府、纪念建筑委员会对大会的各项筹备工作进行了详尽、周密的部署，设立了"纪念抗战八周年、国殇墓园落成和公祭抗日烈士大会筹备处"，下设总务、招待、宣传、献金四股,负责办理各项具体事宜。7月2日,县政府批准了地方首绅金殿书等人关于"倡办全腾水陆大会,超度阵亡将士以妥英灵。恳请政府出示禁屠5天(自7月3日起至7日止),城乡均斋戒素食,各汤馆不得售卖荤腥,以表虔诚而求合县平安"的公呈,并颁布相应的布告和训令,昭告全县人民一体遵照执行。

7月7日,国殇墓园正式落成,为滇西反攻战役的胜利树起了一座历史的丰碑,让后人时刻铭记那一段刻骨铭心的屈辱历史,记住那些在血雨腥风的岁月中为国捐躯的革命先烈,从而更加强珍惜这来之不易的和平与安宁。当日尹明德在腾冲各界举行的公祭阵亡烈士的大会上致辞,并撰写四首七言绝句,镌刻在墓园忠烈祠侧面的墙壁上:

滚滚洪流泛怒涛,大张挞伐奋弓刀。天南跃马驱穷寇,多谢将军军务劳。

滇西雄郡久驰名,破碎金瓯拼命争。寸寸河山皆碧血,忠魂万古护边城。

龙飞凤舞碧山河,累累忠骸葬满坡。百万边民争负土,在天灵爽乐如何。

小团坡顶近龙光,叠水呜呜吊国殇。勒石燕然堪姚美,名高青史万古青。

在参与修建腾冲抗战烈士陵园的同时,1945年3月,

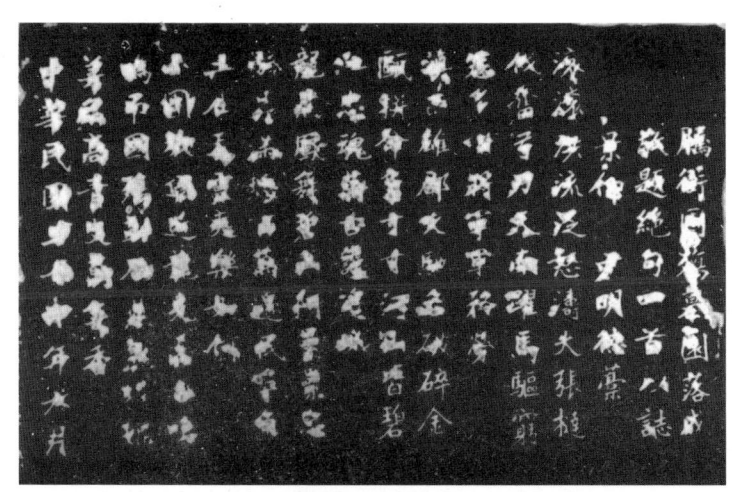

国殇墓园内尹明德刻石

李根源与刘楚湘等腾冲政商界人士商议,捐款筹建"腾冲高级商科职业学校"。由于尹明德多年来对家乡教育事业颇为关注,被公推为校董事。不久,"高校"与"大同职校"合并为"腾冲县立职业学校"。1946年6月,尹明德被乡人推举,任腾冲县立职业学校校长(首任校长为李希泌)。

腾冲县立职业学校创始于华严寺,后分设于比卢寺与五保街商会,继以学生日增两处地址狭隘,无法容纳。三十五年(1946)十二月,校董会决议,以黉宫为本校永久校址,并指定明伦堂、节孝祠、文昌宫、武庙、副学署等地一并包括在内,但黉学房舍亦不敷用,校董会同时决议,向各界人士募款,兴建校舍一部于明伦堂。

《职校碑记》（贾志伟拓片提供）

战后的腾冲，城市一片狼藉，民不聊生，恢复重建工作尤为艰难。战乱导致区内师生逃避，学校全部停办，各校校舍，以及县立图书馆、民众教育馆，全被毁灭，仪器图籍散失无存。此时举办教育，无论是设施设备，还是资金都严重不足，仅靠政府的资金是办不好的。身为校长的尹明德四处奔走，积极筹款。腾冲县人民节衣缩食，响应政府号召，通电劝捐，全力支持发展教育。其中，腾冲县政府教字第一九一号训令，为支持腾冲县立职业学校建校，允许征收水碾牌照费就是一例。现录《腾冲县立职业学校发给水碾牌照事　案奉》如下：

民国35年12月（1946）腾冲职业学校校长尹明德发给的水碾牌照（贾志伟提供）

腾冲县立职业学校发给水碾牌照事　案奉

腾冲县政府教字第一九一号训令：以本校经费拮据，有碍发展，经县教育董事会第三次会议决，准举办全县水碾牌照费，永远拨充本校经费，以宏教育等因，遵将征收办法呈奉校准照办，自民国卅四度起，实行征收。兹查第三区河西乡馀有村户在沙河安置丁等水碾一盘，坐落沙河圳，照章缴纳卅五年度牌照费伍仟元，相应发给南字第五二牌照一张为据。

校长尹明德
经收员卢廷辉
右照给业户李连三收执
中华民国三十五年十二月廿三日

在腾冲县政府的大力支持下，承各方人士热烈赞助，校长尹明德先生的积极努力终于迎来了腾冲县立职业学校的建成。民国三十六年（1947）春季，将全校移入黉宫，以便集中力量，积极办理。建成大小楼房、平房共六栋，分作教室、宿舍、厨房之用。其他，黉宫大殿走廊、大成门铺石及，同时以地方款修建之，乡贤名宦祠与大成门两处装围。所需工料费用均由本校建筑内开支。所有此次修造房舍廊垣木石砖瓦，全部共需国币六千余万元，除由腾冲县政府拨公帑一千万元外，其余五千余万元，由各界热心教育人士所捐助。腾冲县立职业学校的建成，为腾冲及周边地区培养了数以千计的职业技术人才。

为感谢各界热心教育事业的人士对腾冲县立职业学校的关心和支持，1947年7月，校长尹明德在《腾冲县立职业学校兴建校舍记》中这样写道：

值此金融瞬息万变、物价暴涨、米珠薪桂之际，以言修造，殊非易事，而底款毫无，惟赖募捐修建，尤属不易。本校此次校舍建筑之能迅速完成，系由董事长李印泉先生、副董事长叶佩高、冯颐生、刘梦泽、徐友藩、王振宇及校董事诸先生之指导号召，各界把握时机，早□□料，□□□□□建筑，富有经□生所，应同深感激者也。除将所有捐款遵照政府颁布捐资兴学办法，呈请褒奖并登报鸣谢外，谨将捐款大名及数目刊石，以告后世。

尹明德积极投身到家乡的教育事业，为当地的文化传播与科技教育做出了自己应有的贡献。

1947年7月，国民政府外交部准备与英缅政府勘划中缅南段未定界，尹明德被调回南京外交部，任命为专

1947年尹明德与家人在腾冲的合影（右二）

门委员（等于司长级）。外交部曾向英缅政府双方建议对于南界勘划时间，但英国政府认为缅甸即将独立，而缅甸政府又忙于筹备独立，无暇办理此事，故滇缅南段界务未能划定。

1948年3月，国民政府在南京召开国大代表会议，55岁的尹明德被选为腾冲县国大代表，在南京出席会议。11月，尹明德在南京旧病复发，哮喘病情严重，不得不向国民政府外交部请假回腾冲休养。

家乡解放疑转信

1949年1月1日，为了抗击蒋介石驻扎云南的第八军的势力，各路游击队纷纷崛起。为了更好组织斗争，中共中央军委颁布命令，将云南和广西人民武装合编为"中国人民解放军滇桂黔边纵队"。1949年7月19日，中共滇桂黔边区党委正式成立，统一领导云南、桂西和黔西南边区的党组织、武装斗争和政权建设。中共滇西地委"九九"代表会议后，滇西北剑川、洱源、兰坪、鹤庆等地的人民自卫军整编为中国人民解放军滇桂黔边纵队第七支队（简称"边纵"七支队）。七支队下辖第三十一团、第三十三团和第三十五团。以后又相继组编了第三十二团、第三十四团和第三十六团。三十六团，是"边纵"副司令员朱家璧率西进部队挺进到龙陵，留下西进部队的三团二营与龙陵自卫大队于1949年11月组建的。

三十六团能在龙陵组建起来，是有其思想基础的。龙陵、腾冲地区，在中国共产党建立早期就有了科学社会主义思想的影响和传播。抗日时期和解放战争时期，中国共产党地下组织先后派人到这一地区创办学校，宣传进步思想，启发人民群众特别是青年的思想觉悟。1948年，云南地下党通过朱华派赵镁到龙陵县常备队工作，以等待时机，开展武装斗争。他在常备队里工作了几个月，1949年7月，中国共产党的有关组织派出由匡沛兴、范正、李耀章组成的滇西边区领导小组，匡沛兴任组长。匡沛兴等人于8月7日到达龙陵象达开展工作，通过私立晓东中学校长朱家祥的关系，让范正、李耀章以教员的身份开展工作；工作组成员郑华、李建民以学生的名义，配合范、李工作；匡沛兴隐蔽在附近农村，宣传革命道理，宣传全国解放斗争的形势，组织进步师生阅读《新民主主义论》等书籍；同时，在学校发展了一批中国新民主主义青年团团员；在象达、平达、蚌渺、云山等地农村，做了些宣传教育工作，播下了革命火种；还派赵钊和蒋正华到常备队去做工作，赵钊任县常备队中队长。县常备队一百多人，平达乡自卫队五六十人，这些人都是普通农民。赵镁还跟匡沛兴到三甲、四甲和芒市土司管辖的背阴山看了地形，为在这些地区开展武装斗争做准备。

西进部队六团于11月11日进龙陵县城，人民群众欢迎人民解放军的到来，欢迎朱家璧回到家乡，军民亲如一家。11月22日，象达地下党组织、滇西平作组、西进部队的领导在象达召开大会。朱家璧在会上宣布：自今日起龙陵县已经解放；龙陵县成立临时人民政府，成立"滇西人民自卫军龙陵人民自卫大队"。此后，西进部队留下三团二营作骨干，与龙陵人民自卫大队合并，在龙陵组建中国人民解放军边纵七支队三十六团。

12月3日，李岳嵩宣布中国人民解放军滇桂黔纵队第七支队三十六团正式成立。会后，部队开始整编，整编后的建制是：原来的三团二营编为三十六团一营，营下设一、二两个连；原来的人民自卫大队整编为三十六团三营，下设七、八、九三个连。二营暂缺。全团五百余人。这时，据侦察得知，驻腾冲的保安团已向龙陵前进，三十六团于7日撤离镇安，8日回到象达。9日上午，匡沛兴接到其堂弟匡茂兴从勐卯派人送来的信，说腾冲县县长刘绍汤要准备起义，已派人在勐冒大桥等待接谈。部队遂于10日离开象达，部队到勐冒大桥时，刘绍汤派来的代表姚家璧（又名杨太恒、鲁润民）已在此地等候，谈判很快达成协议：和平解放腾冲县，欢迎三十六团进驻腾冲。14日部队到达腾冲；15日，滇西人民解放工作委员会和三十六团正式发布告，宣布15日进驻腾冲县城。

三十六团进驻腾冲后，鉴于当时边疆工作基础比较薄弱，所以开展工作本着慎重、稳当的方针，较好地执行了边疆民族政策和统战政策，在滇西人民解放工作委员会领导下完成了各项任务。

宣传党的政策，宣传中国人民解放军发布的"约法八章"（即毛泽东主席、朱德总司令发布的《中国人民解放军布告》）。布政农民，解除群众顾虑，抵制敌人散布的谣言，发布《布告司民众书》，给盈江土司刀京版、梁河土司龚绶、莲山土司思鸿升写了信，宣传中国共产党的民族政策，稳定边疆。

12月23日，由腾冲各界推选代表与滇西解放工作委员会所聘请的社会贤达组成腾冲人民临时解放委员会，处理一切接管事宜。

1950年1月的一天，尹明德在腾冲被边纵第七支队第三十六团扣留。原因有二：一是称尹明德曾于1925年加入国民党，是国民党驻腾冲的代理人，是高级特务；二是说尹明德任职业学校校长时危害过青年，因此给扣上了"恶霸""地头蛇"的帽子。

就在尹明德被边纵七支队第三十六团扣押过程中的一天，时任中共怒江工委副书记的张旭（1912—2001，剑川县甸南镇西中村人，白族）从上江来到腾冲，并在腾冲住了四五天，其间到和顺乡看望了寸树声同志。据张旭在《怒江工作回忆录》一文中载："当时七支队三十六团驻在城里，团部的前面一个院子关了腾冲县的知名人士20多人，我早起出门，见他们出来'放风'。我看见里面有尹明德先生，很诧异，问李岳嵩同志才知道这些人都被看成是当地所谓'恶霸''地头蛇'。我更惊异地问尹明德为何被关起来，此人是滇缅界务问题专家，是以后有用的人才。于是他把这些人的情况简要地给我说了一下，我建议他，在边疆地区这样搞法不行，影响到国外，特别是华侨。他们查封了李根源老先生的老家，也做得有点过火，我问李岳嵩同志：'你有没有权放人？'他说：'该放就放。'我说：'全部放了。'当天他就给尹明德等10多个人说明他们没有什么问题，我们搞错了，把他们放了，余下的第二天也放出。然后请寸树声同志做他们的工作，进行安慰，还向他们道歉。这样一来，社会紧张的气氛很快就平缓下来。但后来李岳嵩也为此丢了团长。"

1950年2月21日，腾冲县人民政府成立，属保山专区。

1951年4月，58岁的尹明德被保山地委书记兼第二师政委郑刚同志函约至保山一叙。其间，谈到尹明德被边纵三十六团扣留的事。尹明德没有因此事而对人民政府产生任何怨言，却一直关注边境地区的安危，对中缅边界资料持续进行整理。他向郑刚表示：在争取滇西边境地区和平解放的关键时期，他非常理解临时解放委员会及边纵三十六团对他的处理。尽管自己曾对国家做出过一些贡献，但毕竟自己曾加入过国民党。在国家政治交替的过程中，受到怀疑也是在所难免的。滇西抗战胜利后，受乡人和李根源先生的举荐，尹明德担任腾冲职业技术学校校长一职期间，因为腾冲刚刚收复，社会环境极度混乱，学生来源复杂，更加担心有日敌余孽潜入其中。为此，对学生管教甚严，但未曾迫害过任何一个青年学生。郑刚对尹明德的坦诚甚为感佩，充分肯定了他在中缅边界的研究与勘察中所做出的贡献；表扬他为争取抗战胜利，不顾个人性命安危，深入敌占区向各土司和人民宣传抗敌保国思想，为滇西抗战做出了重大牺牲和贡献。尹明德说，新中国成立了，腾冲也得到了和平解放，虽然自己还未正式退出国民党，但对国家一向忠心耿耿，愿意在今后的时间里，革除旧思想旧观念，努力为国家做贡献，决不再与国民党有任何瓜葛。

此后，他被聘为保山专区各族各界人民代表会议的特邀代表。在6月份召开的保山专区各族各界人民代表会议上，尹明德被选为保山专区协商委员会委员，并被推为驻会委员。

保腾公路穿梭忙

1951年8月，为发展保山与腾冲之间的交通事业，促进货运及人员往来的便捷，保山专区成立保腾公路修建委员会，修建一条连接保山与腾冲的公路。因为尹明德曾先后深入边境勘察国界，深入敌占区宣慰滇西土司，对地理和地质环境非常熟悉，他被聘为委员，并被派为修建委员会办公室主任，全面协调保腾公路的修建事宜。

保山至腾冲，受怒江和高黎贡山的阻隔，自古以来，就只能依靠舟筏渡怒江、马帮运输翻越高黎贡山，就是滇西抗战时期，也只能如此。自受任保腾公路修建委员会办公室主任伊始，尹明德脑海中就浮现出自古以来保山经腾冲至南亚的二条古道（永昌道）：

永昌道北线：板桥—侯家村—高海村—孟官营—西庄—清水河—李家寺—大麦地——碗水梁子—二道桥—瓦房—汶上—新民—荷花树—勐古渡—西亚—北斋公房—黄石坡—桥头—界头—永安—曲石—酒房—打苴—腾冲城—中和—猴桥（古永）—三岔河（或甘拜地）—昔董—密支那—印度。

永昌道中线：板桥—仁寿门—磨房沟—老鼠山—青岗坝—乌头塘—大海坝—阿东—渔塘—杨柳—河湾—联合—双虹桥—烫习村—大渔塘—百花岭—南斋公房—林家铺—江苴—曲石—酒店—打苴—腾冲城—中和—勐蚌—神护关—勐弄—昔马—缅甸那邦—印度。

永昌道南线：板桥—保山城南门—汉营—云瑞—蒿子铺（村）—蒲缥—马街—盘蛇谷—马料铺—道街—惠人桥—坝湾—蒲蛮哨（或禾木树）—磨盘石—天池—风口城门洞—龙江桥—甘露寺—腾冲城—镇夷关—荷花—囊宋—九保—梁河—暮福—旧城—盈江—太平—蛮允—铜壁关—石梯—八莫—印度。

尹明德分析道：这三条古道，北线高黎贡山险峻陡峭，绕经腾北之界头，路途遥远；中线，过双虹桥，江水汹涌筑桥不易，且此段高黎贡山东西两面都山高坡陡；南线，山势相对低些，且滇西大反攻前，史迪威公路已初步修建成形，进一步对沿线桥涵进行加固，拓宽路面修筑挡墙，部分路段进行路线调整就行。尹明德把这些想法向保腾公路修建委员会进行了汇报。

随后,尹明德背起黄书包,里面装着笔和笔记本,带着随行人员前去实地调查保腾公路的路线和沿途实际情况。一路走,一路指出并亲自标记,哪儿的桥要加固,哪儿的涵洞要重新修筑,哪儿的路基要修筑挡墙……

尹明德十分重视对古道及古道文化的保护。他指出:复修的保腾公路要给永昌道让路,并保护沿线的文化遗迹。同时,还不停地向随行人员介绍古道的相关历史文化。

来到高黎贡山东坡的蒲满哨,尹明德介绍道:

> 蒲满哨,古为蒲蛮哨,据传是蒲蛮人居住的地方。2000年前蒲蛮人常与汉朝戍边士兵发生战争,在一次"三千人搬弓,八千人支箭"的战斗中,蒲蛮人战败,双方以箭指路划分边界,箭射到的地方,即为蒲蛮人退守的地方,汉朝将士便在高黎贡山分水岭设卡布防。后来哀牢人内附,但蒲满哨仍保持了哨卡的建制,分水岭以西的区域普遍被百姓称为"夷方",所设哨所称为"蒲满哨",即"防止蒲蛮人"进来的监视哨卡。明清时期丝绸古道逐渐南移,蒲满哨就成为磨盘石之上最险要的隘口,同时哨卡也成了官府向过往客商收税的"海关"。马帮过了蒲满哨,就往烽火台、城门洞、小平河一带推进,下龙江,过腾冲,出缅甸了。

公元1659年，即南明永历十三年、清顺治十六年，清军三路入滇，昆明朝不保夕。李定国、白文选护送永历帝朱由榔往滇西方向走。五月十六日，朱由榔一行渡过怒江，到达磨盘石。吴三桂与清将领卓布泰也追至怒江对岸。凭借磨盘石天险，李定国埋伏在山顶企图据险迎敌，为自己求得生路，不料大理寺卿卢桂生叛变，到吴三桂处告密，吴便改变战术，声东击西，迂回包抄，在用新式火炮轰散了李的阵地之后，清军四面合围，两军短兵相接，展开肉搏厮杀，马嘶人喊，杀声震天，血染红土。

在寡不敌众的情况下，李定国只好率部分残军越过高黎贡山，辗转于中缅边境。朱由榔在清军的追击下逃至缅甸后，惶惶中过了两年多寄人篱下的日子，又被缅王遣送回清军大帐，尔后与所有随行宫眷一起被处死于昆明，留下一个令人扼腕的历史悲剧。

翻过高黎贡山分水岭，尹明德率领随行人员沿着坑洼不平的史迪威公路下山。林间的翠鸟与他们为伴，那盛开的时令野花，让一行人员倍感轻松和愉悦。行约15公里时，尹明德站在路边，指着北面的山坡说：此山上面是太平铺和竹芭铺，有城门洞和烽火台遗址。

太平铺烽火台形成于元明时期，为高黎贡山古道太平铺的组成部分之一。台以毛石砌基，上建烽火炉灶三座，遇有军情战事，则填薪燃火以报警传情。如果过往行人在山顶遭遇疾病、瘴气，或被路匪抢劫需要营救，只要用晒干的狼粪燃起浓烟，东边潞江坝、西边龙江流域的民众就会做出接应反应。竹笆铺遗址为元明以来高黎贡山驿道上的驿站之一，驿站设于明初，时以李、杨两姓军户驻守，原建有塘房、哨楼等设施。

城门洞西坡古道，最早形成于三国诸葛亮南征之际，为保腾古道南线早期段翻越高黎贡山的主要路段之一。元初设置通缅驿道后铺筑石板路，清代驿道改走红木树、大风口后被废弃。线路东起城门洞分水岭，向西北过风吹坝垭口，沿山洼西下，经太平铺、竹坝铺、大栗树至山脚桥街村路口止，长约25公里，路面宽1.5至2米。

尹明德稍做休息后，接着向随行人员说：明代大旅行家徐霞客先生，当年就曾沿此道翻越高黎贡山，进入腾冲。山上的太平哨与竹笆铺就被记入他的《徐霞客游记》中。

> 于是西下峡，稍转而南，即西上穿峡逾脊，共五里，度南横之脊，有村庐，是为新安哨。由哨南复西转，或过山脊，或蹈岭峡，屡上屡下，十里，为太平哨。于是屡上屡平，始无上陟之脊。五里，为小歇厂。五里，为竹笆铺。

经过近半个月的实地考察后，尹明德最终将保腾公路的路线确定为以滇西抗战时修建的史迪威公路为基干，并对原线路进行了调整。其勘定路线为：

保山（南门街）—大官市—冷水箐—龙树—双河—蒲缥—马街—打板箐—马料铺—道街—继成桥—坝湾—卜

满哨—大蛇腰—大蒿坪—老寨—龙文桥—新寨—上营—马场村—沙河—烂坝地—娘娘庙—腾冲。

  路线勘定后，在尹明德的协调下，保腾公路修建委员会的筑路工程得到了保山专区政府和各县人民的支持。保腾公路复修工程分两期进行：第一期动员保山、昌宁、镇康、龙陵、腾冲五县民工约8000人，由1951年11月1日开工至1952年3月，将桥涵土石方工程大部完成；第二期先后动员保山、腾冲、龙陵、昌宁四县民工6000多人铺筑路面，并续修土石方，由1952年4月中旬开工到9月底全部完成。

  1952年10月1日，保腾公路举行通车仪式前，尹明德建议在位于高黎贡山分水岭处设立修建保腾公路纪念碑，永志历史，永记为筑路付出努力与牺牲的人民英雄。在得到保腾公路修建委员会的同意后，尹明德立即撰写了《修建保腾公路纪念碑记》，令石匠刻于石碑上，立于保山与腾冲的交界处。他在碑记中这样写道：

  在共产党和毛主席的英明领导下，翻身农民为了永远过幸福日子，响应人民政府建设祖国巩固国防的号召，踊跃报名参加了修筑公路恢复交通，以热爱祖国的精神发挥了高度的积极性和创造性，战胜了炎热的潞江坝和寒冷的高黎贡山，克服了一切困难，胜利地完成了光荣的复修公路任务。特建纪念碑并刊劳动英雄和修路中光荣牺牲的民工姓名于其上，以志永远纪念。

保腾公路修建成功后，有效地促进了文化交流、货物运输与贸易发展。这一条连接保山与腾冲的运输线，在此后近半个世纪的时间里，是保山与腾冲之间的唯一交通要道。

1952年12月，在保山专区第三次各族各界人民代表会议上，尹明德被选为保山专区人民政府委员会委员。他把黎民苍生时刻放在心中，为发展生产四处奔波。

国庆观礼检阅台

1953年2月，尹明德被调至云南省城昆明，任云南人民政府参事室参事，为云南发展积极建议献策。同时，他还结合自己勘察滇缅边界的经历，夜以继日地进行中缅界

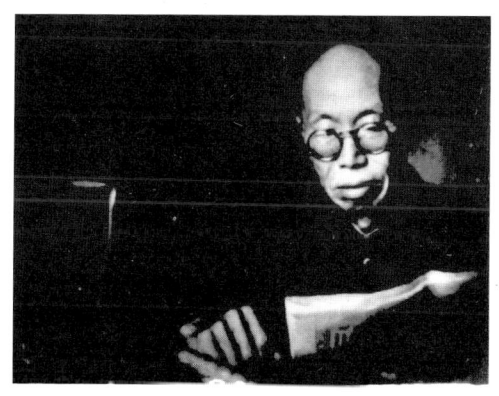

20世纪60年代时任云南省政府参事的尹明德

务历史资料的收集整理工作。

1954年6月,尹明德编述完成了《中缅界务交涉汇编》四卷,附录三份,送交云南省委统战部后打印了多份,转送外交部、云南外事处、昆明军区司令部等有关部门参考。8月,又将《中缅界务交涉汇编》四卷,送呈中央及云南省政府及省有关部门。12月初,缅甸政府总理吴努到北京访问,就中缅未定界部分与周恩来总理商定,俟适当时期两国政府以外交方式协商解决。月底,云南省有关部门对中缅边界问题积极准备,昆明军区邀请尹明德、方国瑜、张凤歧、周光倬等四人到军区详细介绍了中缅边界已定界部分经过和未定界争执情形。

1955年1月,尹明德被云南省计划委员会调往云南省文史馆,摘录云南矿产历史资料,共计摘录矿产资料20余万字,对于云南省地质勘探工作是有参考价值的。次年夏季,参加云南边界历史资料小组工作,搜集有关中缅边界历史地理资料,以备与缅甸政府交涉界务。

1956年11月12日,周恩来总理因知李根源在清末曾亲自到滇缅边境之片马、江心坡等地实地调查过国界走向,向清廷提出过解决滇缅边界问题的三个办法,于是召见李根源,咨询滇缅边境历史沿革及关于中缅勘界问题的意见。李根源向周总理汇报了当时勘察中缅边界的详细情况,并重述了自己当时的几点看法。汇报完毕,李根源向周总理说,在中缅边界的历史问题上,同乡的尹明德曾先后深入当时的英人占领区,对中缅北段和南段的勘界工作做过深入的调查与研究,他对中缅边界的由来、划界的可行性都有全面而深入的研究,建议把尹明德等滇缅界务问题的专家找到北京来,专门研究勘界方案,以供政府谈判时选择。

此后,周总理到云南视察,专门找来了尹明德等中缅边界的研究学者和专家,详细听取了他们对中缅边界的研究和调查情况。尹明德向周总理陈述了自己两次深入当时的英人占领区调查取证的经历,并从历史、民族、文化遗迹等多个角度阐述了确定"户拱—巴特开山线"依据,又从矿产资源、维护国家领土完整等方面阐述了争取以"户拱—巴特开山线"划界的必要性。阐述完毕,尹明德把勘察所得的调查报告、勘察过程中所拍的照片都呈给周总理审阅。周总理充分肯定了尹明德对中缅边界事务所做出的努力和贡献,在维护国家领土完整和国家尊严上展现出了一个中华儿女应有的气概;又分析了当前国际形势和新中国所面临的重重挑战及中缅两国的胞波情谊。在与尹明德等人详细沟通交流后,周总理向云南各届人士阐明了中共中央和国务院对中缅边界问题的态度和立场,得到云南各界人士的一直拥护与支持。

1957年,尹明德被选为中国人民政治协商会议云南省委员会委员,并在当年的政协大会上做《听了周总理关于中缅边界问题的报告会后我的体会认识》的发言。他说:"现在中缅双方正准备协商解决中缅尚未划定的边界问题,关于这个问题,周总理的报告指示得很详细很全面很正确,我听了之后,受到很大的启发教育。"

3月9日,尹明德被周恩来总理电邀至北京外交部列席全国政协会议。列会期间,尹明德向与会委员介绍了有关中缅边界的历史与调查情况。3月16日,周恩来在政协二届三次全体会议上,做了关于中缅边界问题的专题报告。因为事关重要,在开会的前一天,他再一次会见了尹明德、王季范、于树德,还有云南省副省长龚自知等,征求他们的意见。尹明德曾向外交部建议与缅甸政府协商边界意见两条,周总理同意采纳。3月28日,周恩来来到云南,同云南各界、少数民族代表进行了座谈,认真听取了他们的意见。3月29日、30日两天,周恩来在昆明同来华访问的缅甸总理吴努进行了边界问题的会谈。周总理到昆明与缅甸代表会晤,邀尹明德随专机同行,出席欢迎宴会。周恩来口头说明了中国方面对北段边界的意见。周恩来建议:"将来中缅边界商妥后,由中缅两国签订新的边界条约,代替一切旧的边界条约。"4月18日,尹明德在给外交部副部长章汉夫的信中说:"我过去对于北界很重视历史事实,听了周总理的报告后,使我进一步有所认识、了解,对我的教育意义很大。"

4月,尹明德被推举担任中国人民政治协商委员会云南省委员会委员。5月4日,被周恩来总理电邀至北京外交部参与与缅甸政府协商边界的准备工作,在北京外交部招待所住了半年。10月1日,因为尹明德对中缅边界所做出的贡献,以及他在滇西抗战期间冒着被日敌抓捕的危险，深入敌占区向各土司头领和人民宣传守土保国的思想，为赢得抗日战争的胜利做出的贡献，他被邀请安排上天安门检阅台观礼。获此殊荣，尹明德为党中央不计他曾是一名国民党党员之前嫌而激动万分。在天安门检阅台上，他看到人民军队严格的纪律、威武的雄姿，尹明德心潮澎湃：这样的军队才是保家卫国的钢铁之师。

在完成了中缅边界的相关工作后，尹明德于11月初回到昆明。

1958年，尹明德参加全国人民代表大会民族委员会云南民族调查组工作，先后摘录了《明实录》中有关云南史料共百余万字（已由云南人民出版社出版）。此后，参加云南文史资料研究工作。

1958年五一节和家人于昆明合影（右二）

编修文史献桑梓

1960年10月1日,中缅两国签订了中缅边界条约,中缅两国历史上遗留下来的边界问题获得圆满解决。缅甸同意把片马、古浪、岗房等地(约153平方千米)归还中国。有关中缅边界的所有未解决的问题,在条约中得到了公平合理的解决。

1961年,尹明德担任云南省政协文史资料研究委员会副主任委员兼办公室主任。动员旧军政人员响应周总理的号召撰写有关军事、政治、财经、文教等方面的史料,共计出版《云南文史资料选辑》九辑。将搜集质量较高的史料分期印出,以资观摩。并在第七辑中刊登了他的《民国初年云南省第一中学校片断回忆》一文。

1964年7月6日,李根源先生在北京逝世,享年86岁,尹明德参与了以朱德委员长为主任的治丧委员会,7月9日上午10时在嘉兴寺为李根源举行公祭。李根源先生为无党派人士,新中国成立后,任西南军政委员会委员和全国政协委员会委员,一生与尹明德有深厚的情谊。尹明德在其自传中写道:"我自从到昆明第八中学以及到日本、北京工业专门学校念书,都是由于他的鼓励,我过去的工作和处世做人,也得到他的教益不少。"

1965年5月,尹明德在《云南文史资料选辑》第八辑中登载《滇西军民抗战概况》一文。该文结合他赴腾龙边区宣慰各土司过程中所掌握的实际情况，并参阅李根源西巡有关记载及腾冲县长张问德有关抗战文件详细介绍了龙陵、腾冲沦陷情形，国民党军扼守潞江阻敌东进，预备第二师和第三十六师在腾冲与日军迭次战役，莲山自卫支队抗战情形，第三十六师先后在腾北的战役，反攻收复腾龙边区以及腾冲县长张问德及民众支援抗战的情形。概述如下：

（一）龙陵、腾冲沦陷情形

1. 客观地分析指出日军全面突击、进犯我滇西领土的战略战术。"当进入缅甸的国民党军队主力正在曼德勒以南与日军作战之际，日军乘虚以第五十六师团由棠吉攻占腊戍，即以装甲车为先导，并用汽车载运步兵的快速部队沿滇缅公路挺进。"由于国军在对日作战思想和作战部署上的失误，导致敌人"如入无人之境"。幸得炸毁惠通桥，才能阻敌于怒江以西，"遏止了敌军继续东进的企图"。

2. 揭露了腾龙边区行政监督龙绳武和县长邱天培的贪婪和畏敌思想，是导致腾龙边区迅速失陷的又一重要原因。国军在缅作战失利后，节节败退，而我边陲重镇畹町的失陷，标志着日军已打开了进犯西南的大门，滇西领土正逐步遭受日军的践踏。然而，腾龙边区行政监督龙绳武先已得知此消息，却"密而不宣，亦不做任何防御准备"，竟"托辞因公离腾赴昆"，"离腾时，大量拉夫封马驮运其财物、鸦片，以致马帮挑夫不敢入城，使商民无法疏散财物"。县长邱天培得知龙陵失陷的消息后,非但没有听取地方人士关于派兵阻击敌军的建议,竟"于是夜三点钟率领自卫队及警察全部潜向腾北曲石逃去",进而导致"各机关亦纷纷撤退,人心惊惶,全城紊乱"的局面。而日军则"不费一枪一弹,由勐连长驱进入腾冲城"。为此,尹明德在文中分析道:"负边区行政专责及地方守土之责的人,如果决心抗战,保卫国土,尽可派兵到腾龙交界沿龙江布防,并动员民公协助,只要阻敌前进数日,国民党军预备第二师即可赶到增援(五月十日腾冲沦陷,十五日预备第二师即渡过潞江,十六日到达龙江桥袭击日军),腾冲必可保全,不致陷入敌手。"

3. 记录了瓦甸民众在区长孙成孝的带领下抗击日军侵略的史实。"五月十八日,敌军百余人经曲石向瓦甸前进,至宝华乡归化寺,与预先埋伏之护路营一部遭遇,发生激战,毙敌中尉队长牧野以下四十余人,护路营亦阵亡官兵三十余人。瓦甸区长孙成孝率领民众奋起参加作战,亦中弹牺牲。这次战役,腾冲兵民协力使敌军受到相当之打击。"赞扬当地人民为保家乡不被敌人侵犯而做出的贡献与牺牲。

(二)国民党军扼守潞江阻敌东进

第三十六师扼守惠通桥东岸高地,是"遏止敌军沿滇缅公路向东突进的企图,奠定敌我隔江对峙之局"的重要部署,增强了滇西民众"对抗战乃逐渐树立信心"。第三十六师到达惠通桥东岸高地后，即与渡江的敌军先头部队发生遭遇战，此后多次击退日军的东进，依托怒江天堑，成功地将日军阻止在怒江以西。"西岸之敌不敢再行东渡。"

（三）预备第二师和第三十六师在腾冲与日军迭次战役

预备第二师是腾龙辖区失陷后，在沦陷区对日组织开展游击战的主要兵力。他们在当地群众的大力支持与配合下，不断给予敌军以痛击，牵制了日军的进攻，进而为滇西大反攻的胜利奠定了基础。在此文中，尹明德详细地陈述了预备第二师在橄榄站黄草坝战役、蛮东一带战役、一九四二年九月战役、一九四三年二月战役的具体情况。一九四三年五月，三十六师入腾接防，预二师调永平整训等史实。"五月八日，敌人乘该两师交接防务之际，集结兵力进攻，十三日突破固东江苴，旋进陷瓦甸界头，并进至马面关，展开战斗。三十六师战斗力尚强，该师乘敌猛进之际，实行反包围战术，并运用外线作战，将向阳桥、灰窑桥、固东街各地克复。"尹明德针对预备第二师和第三十六师在腾对日组织开展的情况分析说："预二师及三十六师先后在腾冲抗战十有八月，深得各乡镇民众尽力支持，故能迭摧强寇，多有杀伤。"同时还指出日军在腾冲所犯下的滔天罪行。"敌军极为仇视腾冲四、五两区民众，每于预二师及三十六师转移撤退之际，村落则焚为灰烬，壮丁惨被枪杀，粮秣牲畜尽为掳掠，牺牲之惨，损失之大，旷古未有。其在大盈、槟榔、龙川诸江流域领导作游击战者，或房屋为敌烧毁，或财产被敌抄没，损失亦巨。"然而，"敌寇此种惨无人道之暴行，亦激发群众爱国之忱，无不誓言必尽歼敌而后已"。尹明德对国军和沦陷区人民对日开展游击作战的记述，是研究滇西抗战历史、弘扬爱国主义思想的重要史料。

（四）在记述滇西反攻战的同时，分析指出了滇西大反攻取得胜利之原因及其对全国抗战之影响

滇西反攻战的胜利，"一则官兵深知对日军作战系民族生死存亡之战争，是反侵略之正义战争，故能始终保持旺盛的士气，具有尽歼敌人之信心，此为滇西反攻取得胜利原因之一。次则滇西人民一致奋起支援，功绩亦甚大。滇西反攻先后参加作战之军队达十六万人之多，仅粮食一端，即成大问题，由昆明运往接济者甚少，绝大部分是滇西人民供应"。"由于滇西民众同仇敌忾，尽力支援抗战，此为滇西反攻取得胜利的又一原因。"他充分肯定了对敌拥有必胜之信心的重要，也指出了依靠人民力量的关键。滇西反攻战的胜利，也拉开了中华民族抗击日本侵略战争全面胜利的序幕。"故滇西反攻之胜利，对于抗战事业是起到一定的影响的。"

（五）详细陈述腾冲抗日县长张问德及民众支援抗战的情形，赞扬张问德及腾龙边区人民"与敌不共戴天凛然不屈的正气,亦属腾冲人民在抗战史中的光荣表现"

张问德组织民众积极投入抗战,是中华民族抗日战争史上的一个重要榜样。他"精神尚健旺,有胆识毅力,得地方人民爱戴"。在腾北游击时期,他开办战时工作干部训练班,设立便衣队及担架队、运输队,设置递步哨及情报网,组织军民合作站,开展救济工作,面对田岛的劝降严词驳斥敌人的阴谋诡计。反攻腾冲时期,他"一面先遴选腾冲有胆识的青年潜入腾冲各乡镇,秘密发动群众,准备粮秣,侦察敌情,并在敌后破坏交通;一面又介绍一部分熟悉地方情形的人员,配备各军师部,协助一切"。腾冲光复后,他积极"成立善后委员会,清除一切战争危险物品如炸弹、地雷、炮弹及敌人尸体后,市民方陆续迁回,重理家园,并恢复城区市集"。

综上所述,尹明德《滇西军民抗战概况》一文,全面记述了中国远征军及滇西各族人民积极抗战的史实,是研究滇西抗战的重要史料,也是弘扬爱国主义思想的重要篇章。

1966年7月,"文化大革命"开始,尹明德所从事的文史资料研究工作停止。

1971年11月25日,尹明德在昆明病逝,享年77岁。

1966年尹明德（中）与四子尹绍平夫妇合影

附录　各土司输诚函电

1. 六库土司段经函

印公亲翁大人钧鉴：

顷杨、王两参谋至库，适值家父疏散山庄，未获晤教。侄捧读翰示，敬颂种切，即当转呈家父，通知各司，相约趋辕领教。此次倭寇深入，凡我边民，无不眦裂发指，幸悉纶巾羽扇，五月渡泸，则荡平丑虏，收复失地，当在不远矣！专复，敬叩钧安！

侄段经谨呈

三十一年六月十六日自六库司署缄

2. 果敢土司杨文炳函

印公老伯钧鉴：

奉读钧座告滇西父老书，敬知我公奉蒋委员长钧命及龙主席委托，亲临保山，协助国军，发动民众，迤西各郡，转危为安。文炳自愿统率果敢全民，一心一德，在我公领导之下，抗战卫国，当即趋前，亲承训示，俾有遵循，特先函呈，敬请钧安。

愚侄杨文炳谨呈

三十一年六月二十八日

3. 耿马、孟定两土司电

保山李监使、宋总司令：

文电悉。日寇侵我，凡属国民，莫不发指。裕卿、万贤守土有责，杀敌御侮，自当竭力以赴，惟汲长短绠陨越堪虞即时予指导，俾有遵循。数处现状及残寇入境情形，已派员报请杨团长转呈，恕不赘述。肃此敬复，并祝崇祺。

耿马司官罕裕卿、孟定土司罕万贤同叩（元）

4. 勐角董土司罕富民电

保山李监察使印公钧鉴：

奉读钧电，敬悉钧驾莅临保山，凡我边民，莫不向往。职司获在管辖之下，从事抗战，曷胜欣幸，拟当亲赴钧辕，敬承钧教，特此电呈。

勐角董土司罕富民叩

5. 勐卯方克胜、陇川多永安函

金台司令勋鉴：

五月三日接奉手示，敬悉种切。此次边区不幸，被寇侵扰，凡属人民，靡不同愤，素念台端公忠体国，爱护乡邦，出赞戎机，拯救危亡，勿任庆幸，承示各节，谨当遵命。慨腾龙失陷，各方不通消息，迄今二月有余，人心惶惶，日夜不安。且远在边荒，道路梗阻，屡次派人电呈上峰报告情形，始终不能达到，徒唤奈何。组织民众，早经进行，惟枪弹缺少，力量薄弱，拟请转达当轴，予以相当接济，以便待命出动。干崖开会，自应遵行，特因此间人心未定，一有定动，谣喙纷纷，恐引起奸细乘机煽乱，扰乱治安，如台端能邀同吴科长驾临敝境，指示更佳。否则将计划办法请示下，自当绝对服从遵办。李监察使致方毅之函，已专人转送芒市矣。请转达李公，是祷。此间消息不易传达，务请便中代为转报各方。并乞训示，时颁俾资率循，尤深至祷，敬叩勋安。

陇川设治局长杨光烈、勐卯代办方克胜、陇川土司多永安同叩

七月五日

6. 干崖土司刀保图函

印公大叔大人阁下：

敬肃者，捧读手书，拜领一是，过蒙嘉许，感愧莫名。溯自敌寇进犯南坎，弄岛失陷，图脱险归来，未抵干崖，而腾冲、龙陵又相继沦陷，乃是夜赶回，召集全体民众，组织中缅义勇军，一面将腾八路及电线破坏，一面分拨壮丁，择要扼守。图常以田横八百死守孤城，勉励部属及全体民众。两月来，幸尚无恙，唯边地素缺武器，倘蒙给数千步枪、机枪、小炮及手榴弹等物，俾得充实军备，实为公便。最近敌人强派八莫民工修路，有打通腾八路之企图。而干崖乃首当其冲，故不得不早为之备也。尊札及宋总司令手示，已遵示抄送各司矣。图世受国恩，虽

肝脑涂地，分所当然，唯有鞠躬尽瘁，死而后已耳！谨此致敬，敬祝胜利。

世侄刀保图叩
七月七日

7.六库土司等电

大理云贵监察使李钧鉴：

  倭寇侵略中国，五载予兹，近复轻举妄动，贾其余勇，寇我滇边。钧座以高龄硕望，及时西上，领导群众，卫我乡邦，足使顽廉懦立，后辈闻风兴起。职等或衔庸重命，或世守边疆，保乡保国，责无旁贷。除已奖率绅民枕戈待敌，前奉委座电谕，并派尹专员莅境宣慰，敌忾同仇，益知奋勉。除经电复矢忠效命，听候驱策外，并祈频加指示，俾资遵循，歼此顽敌，集此大勋。谨电奉闻。

  泸水设治局长刘公度率属六库土司段承经、鲁掌土司茶光周、登埂土司段承钺、老窝土司段承恭、卯照土司段赓华叩（寒印）

8.湾甸土司景寿庄电

保山李监察使印公太老师钧鉴：

  钧函奉悉。职家世受国恩，当此敌军压境，敢不竭忠效命。谨愿率全司民众，追随杀敌。敬此复呈。

湾甸土司知州景寿庄叩（元）

9. 潞江土司线光天代电

云贵监察使李、第十一集团军总司令宋钧鉴：

慨自倭寇于五月五日突入龙陵，即盘据职属之腊勐一带，旋而沿遍潞江，各桥破坏，消息隔绝。职因密具形势，募勇过江，请潞东各军西渡驱逐。职与预备二师孙参谋奋力固守新城以上，以物力、人力供给国军。至六月二日敌溯路北上，攻至惠人桥一带，占据职署新城，杀掠强奸，惨无人道，村里荡然。职于炮声中率全眷追随国军，西渡避敌。行至八湾寨，被敌冲断，连日冒雨避走山中，极其困危。及国军反攻，敌始予六月十一日退据腊勐，职得暂定喘息，归视职署，则毁突污秽，不堪触目，仍居山中，正筹安抚。而战局变幻，新城一带，又陷危险。叠蒙陆军预二师师长顾函，令举家东渡，刻已于七月二日到达保山县之大塘子，除将家小送往潞江东岸外，职仍在大塘子组织司署临时办事处，以助国军作战。但职司奉命积存之谷，除沦陷敌手六保外，余之九九保损失亦巨，刻正派员清查，应如何组织抢运，请示处置，而免为敌利用。惟职既离本土，百事皆非，家口良贱计二百余人，无以生活，伏乞转请政府予以救济，至感钧惠。职徒切不降之决心，无补抗战之大计，弃土旷官，反为国累，抚躬自问，不胜惭悚。谨此电呈，伏候训示。

世袭潞江安抚使线光天（江印）

10. 南甸土司龚绶来电

总司令宋、监察使李钧鉴：

尹专员、黄科长微日到达职司，转钧谕及委座未东侍秘代电，饬偕边民振奋杀敌，自应遵办。又奉军政部赐手提机枪一挺，匾额一方，拜领之下，感戴莫名。此次敌军犯边，腾龙沦陷，虐我边民，深刃剥脾之痛。我司世受国恩，同仇敌忾，当仰体德意，誓死抗战，与疆土共存亡，期副殷望焉。谨此电呈，伏乞钧鉴。

南甸宣抚司龚绶率世袭统政叩（鱼）

11. 干崖刀保图等来电

李监察使印公钧鉴：

此次暴敌窜扰腾冲，铁蹄所到，闾墓为墟，钧座关怀桑梓，期望殷切。保图等惟有失忠效命，努力杀敌，以副钧座廑念边民之德意。谨电致敬，并祝健康！

滇西边区自卫军第一路司令刀保图、干崖宣抚司刀承钺、腊撒司盖秉全、户撒司赖奉先、盏达司思鸿升同叩（申皓）

参考文献

1. 德宏州志编委办公室编辑：《德宏史志资料》第2集，1985年。
2. 李景煜主编：《云南省志》卷80《人物志》，云南人民出版社，2002年。
3. 云南省梁河县志编纂委员会编纂：《梁河县志》，云南人民出版社，1993年。
4. 李绍明、程贤敏编：《西南民族研究论文选1904-1949》，四川大学出版社，1991年。
5. 尹明德：《云南北界勘查记》，台湾：成文出版社，1974年。
6. 中国社会科学院近代史研究室编：《五四运动回忆录续》，中国社会科学出版社，1979年。
7. 中国人民政治协商会议云南省委员会文史资料研究委员会编：《云南文史资料选辑》第7、8辑，1965年。
8. 林超民主编：《新凤集——云南大学2000—2002届中国民族史硕士研究生毕业论文集》，云南大学出版社，2003年。
9. 林超民主编：《西南古籍研究》，云南大学出版社，2008、2010年。

10.《腾冲籍尹氏族谱》(内部资料)

11.陆星著:《李根源传》,中国文史出版社,1998年。

12.保山市政协教科文卫体委员会编:《溅血岁月》,云南民族出版社,2004年。

13.中国人民政治协商会议云南省怒江傈僳族自治州委员会文史资料委员会:《怒江文史资料选辑(摘编)》(第1—20辑),德宏民族出版社,1994年。